大阪 喫茶店クロニクル

個性に満ちた憩いのワンダーランド

田中慶一

OSAKA COFFEE SHOP CHRONICLE

A Relaxing Wonderland
Full of Personality

淡交社

大阪唯一の百年喫茶《平岡珈琲店》のコーヒーと自家製ドーナツは創業以来の看板メニュー

はじめに

〝天下の台所〟、〝水の都〟、〝東洋のマンチェスター〟、〝浪速《なにわ》の食い倒れ〟、〝お笑いのメッカ〟。数々の二つ名を持つ、関西の中心・大阪はまた、〝喫茶店王国〟の二つ名を贈るべき街でもある。

都道府県別の喫茶店の数では、長らくトップの座を占め、いまだその地位は揺るぎない。国の「事業所・企業統計調査」と「経済センサス」によれば、1996年（平成8年）には1万6149店に上り、全国的に減少傾向をたどったとはいえ、2021年（令和3年）でも6758店を数える。東京都との差はわずか600店ほどだが、人口規模を比較すれば、その数は突出していると言える。

これまで、「なぜ大阪はこんなに喫茶店が多いの?」という問いは、たびたび耳にしてきた。曰く、「大阪人はおしゃべり好きだから」「商いの街だから、独立して店を始める人が多い」「中小企業が多く、商談によく使われるから」——。いずれも、大阪に抱く先入観から想像される〃ベタ〃なイメージの一つだろう。もちろん土地柄、人柄の影響は大ではあるけれど、その実、漠とした答えでもある（関西人なら最後に「知らんけど」と言いそうな）。

知っているようで知らない、素朴な問いは、本書の発端の一つでもある。改めて追いかけてみれば、果たして、街の変転と共に根付いたコーヒーとの深い縁と、遍く広がった憩いの場の足跡が、そこここに残っている。今も健在の老舗に始まり、独自の味を追求するコーヒー専門店、一大ブームを起こしたカフェから、新たなコーヒーの魅力を伝える気鋭のショップまで。いずれ劣らぬ個性を発揮し、今も日常に欠かせない存在として大阪の街に根付いている。

本書は、2021年2月刊行の『京都 喫茶店クロニクル　古都に薫るコーヒーの系譜』の第二弾として、大阪の喫茶店の系譜を遡《さかのぼ》ることを企図したが、街の至るところに点在する膨大な店の密度に圧倒されながら、〃喫茶店王国〃たる所以を探す道程は、関西人の筆者にとっても新鮮な発見があった。時代の移り変わりと共に、連綿とつながる系譜をたどるなかで、大阪が培ってきた独自の喫茶文化を紐解いていきたい。

大阪万博が開催された時代の高揚感を体現する《マヅラ》のインテリア

《カフェーパウリスタ》の系譜を継ぐ《ダイヤモンド商会》の焙煎工場

PUNTE
CAMPARI

大阪で正統派イタリアンバールの醍醐味を伝える希少な一軒《Punto e Linea》

自家焙煎コーヒーとウィーン菓子とのペアリングが魅力の《café Weg》

堀江界隈の拠り所として親しまれる《GRANKNOT COFFEE》

多彩な浅煎りコーヒーの提案でお客の嗜好を広げている《aoma coffee》

もくじ

【凡例】

◎本文中に登場する状況や情報は２０２４年2月現在のものである。

◎本書で引用した文献には書籍、論文、エッセイ等が含まれる。出典については巻末の「参考文献一覧」にまとめている。

◎引用文中の表記は、現在の仮名遣いや常用漢字と異なる場合がある。

◎巻末の「掲載店一覧」は、原則として本文中に登場する店舗の基本情報を五十音順に記した。ここでは「純喫茶」「喫茶店」「café」などの肩書きを抜いた店名の読みを採用した。

第一章

大阪の
喫茶史を紐解く

1868-1945

1　明治維新と大阪のコーヒー事始め

江戸時代、天下の台所として名を馳せた大坂が、海外に向けて開市されたのは１８６７年（慶應3年）。元号が明治に変わろうとする１８６８年は、鳥羽伏見の戦いに敗れた徳川慶喜が大坂城に撤退し、すぐに江戸へ脱出。数日後に起こった大坂城の炎上は先行きの多難を象徴していた。江戸時代の18世紀後半、最大で42万人になった市中人口は、明治元年にあたる１８６８年には28万人に激減。その後10年間、停滞を続け、日本一の商都は沈滞のなかでの再起を余儀なくされた。

幕末に日本を訪れ、日英修好通商条約の締結に立ち会った、イギリスのローレンス・オリファントは、当時の大坂をこのように記している。「オランダ人は、大坂が、江戸に比べてさえ、ずっと魅力のある遊び場所だと言っている。江戸が日本のロンドンだとするならば、大坂はパリに相当するようである。ここにはもっとも有名な劇場やもっともぜいたくな茶屋、もっとも広い遊園地がある。そこは奢侈と富裕の地であり、また快楽と遊興とに時を費やそうとしてくる当世風の日本人の愛好の遊び場所である」（『エルギン卿遣日使節録』雄松堂出版、

１９６８年）。

市民が中心を担った商都であり、遊興の街でもある大坂は、当時にあって江戸と並ぶ大都市。１８６８年には、大久保利通によって大坂遷都《せんと》論も提唱されたほどだったが、遷都案は公卿《くぎょう》勢力の反対もあって見送られ、独自の道を歩み始めることになった。城下町を基盤とする街は明確な街割りがあり、大部分を武家屋敷が占めていたため、都市施設の建設用地に転用された例が多い。ただ、大坂では市中のほとんどが町人地が占める、商都ならではの特異な構成であったため、大きな施設を建設する余地がなかった。その中で、大坂城周辺の武家屋敷や中之島《なかのしま》の蔵屋敷跡は貴重な存在だった。１８７３年頃までに政府に上地され、旧大坂城周辺は造幣寮《ぞうへいりょう》、造兵司《ぞうへいし》、舎密局《せいみきょく》、大阪府庁などに、中之島近辺は大阪裁判所、府立病院、日本銀行大阪支店、大阪朝日新聞の用地などに転用された。

とりわけ、造幣寮と造兵司は共に当時有数の近代的な工場で、その後の大阪の工業化の端緒としても大きな足跡を残した。大阪城跡の周辺は砲兵工廠《ほうへいこうしょう》と関連工場、被服工廠が造られ軍需工業地帯の性格を持つようになった。また、１８６９年（明治2年）には、大阪府庁の南に、「舎密局」が開校。オランダ人技師を招き、工業製品や飲食物の製造指導、薬物検定を行う理化学研究施設として始まり、後に名称を次々と変えて、１８８７年に第三高等中学校と改称。その2年後に京都に移転し、京都大学の前身となる。

伝統的な街並みにも一気に変化が現れ、１８７５年に大阪〜神戸間、１８７８年に京都〜神戸間に鉄道が開通。大阪駅は市街地を避けて梅田《うめだ》に造られ、赤煉瓦２階建ての駅舎は〝梅田ステンショ〟と呼ばれた。一方、江戸時代に火葬場・墓地・刑場だった千日前《せんにちまえ》周辺は、１８７５年に火葬禁止となって以降、見世物小屋などの娯楽施設が集結。明治も10年経つ頃には、道頓堀《どうとんぼり》と並んでミナミの歓楽地帯へと姿を変えた。多くの芝居小屋を擁し、歌舞伎など伝統芸能中心だった道頓堀に対して、気軽に楽しめる新興の盛り場として発展を始めた。

近代化を進める大阪の街に、いかにしてコーヒーは伝わっていったか。同時期に開港した神戸では、明治初期から外国人居留地を経て新たな食文化として伝わり、現存する最古の資料では、１８７８年に、すでにコーヒーを提供する店があった。同じく港を持つ大阪でもまた、新たな舶来の文化との接点になったのは外国人居留地だった。大阪湾に注ぐ安治《あじ》川と木《き》津《づ》川の分岐点に位置する川口一帯に、居留地が開かれたのは１８６８年。諸外国への競売後、直ちに街路樹や街灯、洋館が並ぶ西洋の街へと整備された。川口居留地は、現在の西区川口１丁目北部〜２丁目北部にあたり、その後、雑居地として隣接する古川町、本田一番町〜三番町、梅本町にも拡大。木津川対岸の江之子島には、１８７４年にドームを有する洋風建築の大阪府庁舎や市庁舎が建設され、大阪の行政の中心を担った。

欧米式の生活が行われた居留地には、大阪初の電信局、西洋洗濯店、精肉店、散髪床、洋服屋、製氷会社などが、いずれも明治初年から次々と開業。様々な工業製品や新奇な嗜好品があふれた居留地周辺は文明開化の発信地であり、ここから西洋の風俗は市中へと広がっていった。川口居留地には、洋食店、中華料理店、ポン水ラムネ、パンと牛乳の店など、新たな食文化を伝える場も点在。その中に、大阪でいち早くコーヒーを提供していた店もあったかもしれないが、残念ながらそれを裏付ける資料はない。とはいえ、おそらく明治初期には、居留地を通してコーヒー自体は市井に伝わっていたのではないかと思われる。

そこで大きな役割を担ったのが、ホテルやレストランだ。とりわけホテルは、西洋のライフスタイルを体現する場でもあり、コーヒーを含めた本格的な西洋の食文化の普及と伝播に果たした役割は大きい。外国人の宿泊のみならず、日本の貿易関係者や国内外の要人・商人の社交場としても利用され、異文化との数少ない接点でもあった。

川口の雑居地に、大阪のホテル第1号として誕生したのが《自由亭ホテル》。創業者の草野丈吉は、出身の長崎でオランダ総領事・デヴィットに雇われ西洋料理の技法を習得し、専任のコックにまでなった経歴の持ち主だ。１８６９年に、五代友厚から川口居留地外国人止宿《ししゅく》司長に任命され、雑居地の梅本町に《自由亭ホテル》を開業。当時、まだ貴重だった西洋料理で数々の要人をもてなした。長崎時代から、すでにコース形式のメニューの最後はコーヒーか紅茶を供していたことからも、洋食のスタイルを介してコーヒーの普及の端緒となっ

中之島公園の《自由亭ホテル》(『商工技芸 浪華の魁』垣貫與祐、1882年)

ていたといえる。

《自由亭ホテル》は、1879〜80年頃には川口を離れ、中之島へ移転するが、実は、1880年の『大阪日報』には「中の島温泉の西手へ自由亭が西洋風の茶店を新築すると申すこと」との記事が見られる。この「西洋風の茶店」が実現していたのであれば、記録の上では大阪で最初の喫茶店と言えるが、営業自体が短かったのか、詳しく触れられていないのが惜しまれる。ただ、明治初期において、唯一と言っていいコーヒーに関する言及として、1871年頃からフランス人のジャン・B・レイモンドなる人物が経営する《オーサカ・ホテル》の滞在記録が残っている。《オーサカ・ホテル》は名称以外に詳細は分からないが、1873年に来阪したイギリス人技師のE・G・ホルサムは、貧弱な施設とサービスであったことを記している。しかし、ホルサムに少し遅れて滞在したイギリス人医師のヘンリー・フォールズは、「どこまで行ってもまったく人通りのない街路を歩き回ったのち、フランス人が経営するホテルを見つけて食事をとった。日本式料理の一番悪い面が出た料理だったが、食事後まずい料理を償ってあまりあるほど、素晴らしいコーヒーが出た」（『維新の港の英人たち』中央公論社、１９８８年）と、大きな賛辞を贈っている。

しかし、文明開化の先端としての川口居留地は、思わぬ早さで衰退に向かう。《自由亭ホテル》がなぜ中之島へ移転したかといえば、大阪港が河口で水深が浅く大型船舶に不向きで、外国商人の多くが神戸を好んだため、続々と転出した影響が大きい。明治初期の居留地外国人数は、神戸と比べて大きく差が開き、数年のうちに欧米商人の姿は激減したという。幕末から指摘されていた大阪港の大型船舶航行の限界は、結局、後の新港湾造成まで解消されることはなかった。代わって入ってきたのが宣教師で、川口はキリスト教伝道拠点としての性格が強くなった。

2　内国勧業博覧会と大阪で最初の〝カフェ〟

大阪の近代工業の出発点は、１８７０年（明治３年）に造兵司仮庁として出発した大阪砲兵工廠と、翌年に開業した造幣局、2つの官営工場だが、実質的に大阪が全国有数の商工業都市に発展するきっかけとなったのは、１８８３年に創業を開始した大阪紡績三軒家工場だ。渋沢栄一を発起人として、民間出資による日本最初の大規模紡績工場として誕生し、１万錘《すい》を超える紡績機や電燈などの設備、遠隔地からの女工募集など新しい経営方法によって大成功を収めた。これを受けて、紡績業への参入が相次ぎ、１８９１年までに9つの紡績工場が誕生。生産・資金・設備規模で全国シェアの約半分を占めるに至り、〝東洋のマンチェスター〟と呼ばれるまでになった。日露戦争を経てさらに発展し、大部分が東洋紡績・大阪合同紡績・大日本紡績の三大会社に収斂《しゅうれん》。いわゆる〝糸へん〟と呼ばれる綿紡績業は、大阪の地場産業の柱となり、新たな商工業の土台を築いた。さらに市街西部を中心に、１８８１〜88年の間に大阪鉄工所、日本硝子製造、大阪セメント、大阪電燈会社などの工場群が立ち並び、工業都市としての性格をより明確にした。

　１８８９年には、市制・町村制が定められ、翌年に大阪市が誕生。この頃、人々の生活を大きく変えた代表的産業が鉄道業だ。１８８６年に阪堺鉄道が難波《なんば》〜大和川《やまとがわ》間を開通。以後、鉄道網が急速に伸びていった。１８９２年から１９００年にかけては、大阪鉄道の湊町《みなとまち》〜奈良（現・ＪＲ関西本線）、摂津鉄道の尼崎《あまがさき》〜池田（現・ＪＲ福知山線）、大阪鉄道の天王寺《てんのうじ》〜梅田（現・ＪＲ大阪環状線）、浪速鉄道の片町〜四条畷《しじょうなわて》（現・ＪＲ片町線）、阪鶴鉄道の池田〜宝塚

（現・JR宝塚線）、西成鉄道の大阪〜安治川口（現・JR桜島線）、関西鉄道の木津〜四条畷、網島《あみじま》〜寝屋川《ねやがわ》（現・JR片町線）、南海鉄道の天王寺〜天下茶屋《てんがちゃや》（現・南海電鉄）、高野鉄道の汐見橋《しおみばし》〜長野（現・南海電鉄）が、相次いで開業。日露戦争の頃には周辺の主な都市に鉄道網が張り巡らされた。1906年に鉄道国有法が公布された後も電鉄会社が設立され、1905年に日本初の都市間連絡電鉄として阪神電鉄が開業。1907年に箕面有馬《みのおありま》電気軌道（現・阪急電鉄）、1910年に京阪電鉄が開業している。

また、同じ頃、大阪市中には相次いで新名所が誕生。1881年、日本橋《にっぽんばし》に5階建て30mの眺望閣《ちょうぼうかく》、1889年、北野茶屋町に二層＋八角形の六層と時計台を擁する、高さ40mの凌《りょう》雲閣《うんかく》が現れ、〝南の五階、北の九階〟と並び称された。新たな街の形を整えつつあった大阪で、大きな画期となったのは、1903年に半年間開催された「第五回 内国勧業博覧会」だった。過去4回の開催と比べて、あらゆる点ではるかに大規模なもので、それまで100万人余が最高だった来場者も530万人に達した。また、海外からの参加を求めたのも史上初であり、実質的には日本最初の万国博覧会でもあった。イギリス、アメリカなど13か国から、自動車やカメラ、タイプライターなどの技術・製品を出展。50人が入れる大型冷蔵庫、大阪初のエレベーターを設置した高さ51mのタワー、夜間営業の会場を照らした夥《おびただ》しい電飾などに人気が集まり、最先端の科学技術の展示は産業の発展を促進した。

前年に開催された京都と同じく、大阪でも博覧会を機に都市基盤の整備を進めるべく、開催経費の半分近くを市が負担し、様々なキャンペーンが博覧会成功を合言葉に展開された。この時、「大阪に三大工事あり」と謳われた、水道、築港、淀川《よどがわ》改修は、当時の大阪人が遠来の人々に誇るべき公共事業だった。１８９２年に起工した上水道は、全国で4番目となる１８９５年に竣工。淀川改修は、１８８５年の淀川決壊・大洪水を大きな契機にして１８９６年に着工され、新たな放水路として新淀川を開削。毛馬閘門《けまこうもん》を設置し、１９１０年の改修工事完成後は、市内の河川水量の調節が可能になった。

一方で大阪築港は、先記した川口居留地の衰退を見るまでもなく、貿易港としての発展のために重要な課題として早くから必要性が説かれていた。１８９７年に起工し、１９０３年に一般利用が開始。並行して花園橋《はなぞのばし》（現・九条）から築港までの大道路、市電も完成し、貿易港としての面目を一新した。神戸税関の統計資料によれば、大阪港では１９０４年から、少ないながらもコーヒーの輸入が継続的に記録されているが、これも築港の一般利用によるものと推測される。ちなみに、横浜・神戸の港が国家事業で建設されたのに対し、大阪築港は大阪市の事業として、当時の市の年間予算の10倍以上の公債を発行して実施。財政的にも、技術的にも、未曾有の大事業であり、紆余曲折を経た第一次工事の完成は、１９２９年（昭和4年）まで待たねばならなかった。

博覧会をきっかけに欧米風、当世風を意味する〝ハイカラ〟の言葉が流行し、近代化は加速したかに見えたが、大阪を訪れた外国人からは、道路の狭さや公園の不備、旅館設備の悪さなど、インフラの劣悪さが多く指摘された。また、１９０２年には、大阪府会は知事あてに「煤煙《ばいえん》防止に関する意見書」を提出。当時の大阪はすでに工場の煙突が吐き出す煤煙が深刻な状況になり、〝東洋のマンチェスター〟は〝煙の都〟と揶揄《やゆ》されるようにもなっていた。

内国勧業博覧会を境に急速に変貌を遂げる大阪に、ようやくカフェを名乗る店が現れる。記録の上では、明治末頃に川口居留地に開店した《カフェー・キサラギ》が、大阪のカフェ・喫茶店の嚆矢《こうし》とされている。明治末頃と記したのは、《カフェー・キサラギ》の正確な開業年が分からないからではなく、むしろ逆に、それらしい開業年がいくつも見つかるからだ。

一番早いもので１９０７年から、遅くとも１９１２年まで、６年の開きがある。ちなみに、計15件の記述に当たった結果、１９１０年説が６件で最有力。次いで、１９１１年が４件、１９０８年が３件と続く。唯一１９０９年でないことだけがはっきりしている。全日本コーヒー商工組合連合会編纂の『日本コーヒー史：上巻』などでは、１９０８・１９０９年流動説を採用していたりするものの、ほとんどの説に出典は示されていない。しかも、この開店の誤差は、「日本で最初にカフェを名乗った店」の行方を左右していて、銀座の《カフェ・プランタン》の開店が、１９１１年とはっきりしているだけに微妙な問題になってくる。とはいえ、ここでは一番争いよりも、むしろ、「東京と大阪でほとんど同時にカフェーができたということは、都市の現代化が、同時代的に進んでいる」（『モダンシティふたたび』創元社、1987年）という点を強調しておきたい。

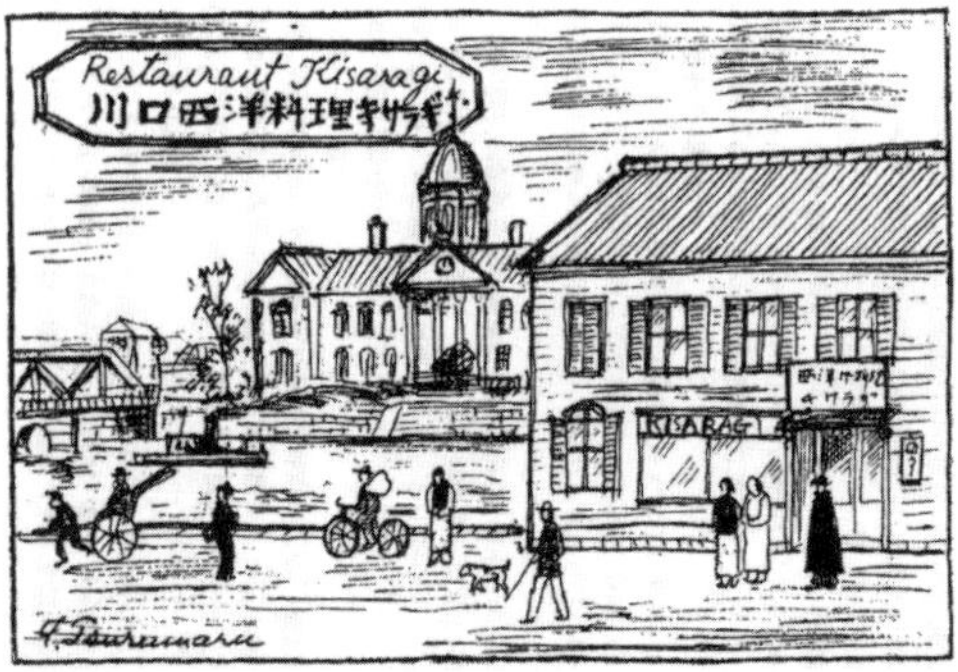

鶴丸梅太郎が描いた《カフェー・キサラギ》
（『川口居留地1』川口居留地研究会、1988年）

諸説入り乱れる《カフェー・キサラギ》開業年について、一応の答えとなったのが、寺川進の「大阪カフェ源流考」（『上方』第27号、創元社、1933年所収）。1933年時点の回想は、《カフェー・キサラギ》の様子を最も克明に知りえる、ほぼ唯一の文献と思われる。当時の回想を少し引いてみよう。

「硝子戸を押して入ると、すぐ靴脱のタ、キ、板敷のガランとした室の中央にストーブだけが大きく、其のブリキの煙筒が天井を折曲って桟から外へ出ていた。木卓に椅子が散乱している處《ところ》などは、今日でなら何所か片田舎の工場の食堂といった体裁で、川に向った方には掛出があって盆栽の幾鉢かゞ置きならべてあった」。

この描写を見る限り、少々みすぼらしい店構えを想像してしまうのだが、なるほど描かれた図で見ると、確かに質素な建物だったらしいことが分かる。寺川の記憶によれば、《カフェー・キサラギ》の開業は１９１２年で、《カフェー・プランタン》に次ぐ最初期のカフェとしている。ただ、煉瓦造りの建物にフランス語で“Café Printemps”の看板を掲げた銀座の《カフェー・プランタン》に比べて、「貧弱極まるもの」であったとも記している。それでも、寺川自身は、ここからまだ見ぬパリやベルリンといった街に思いを馳せたという一文などあって、当時の慎ましい海外への想像の跡が垣間見える。当時から「カフェ」という響きは、ヨーロッパへの憧れを呼び起こす言葉だったのかも知れない。

　残念ながら、メニューに関する記述は見つからなかったが、高原護郎「川口居留地」によれば、《カフェー・キサラギ》は、「元居留地十番館ファーブランドのコック某が川口教會の前に喫茶と洋食を兼ねた簡素な料亭を開業するに際し付したる名称である」（『川口居留地１』川口居留地研究会、１９８８年）とのことだから、初めからそれほど豪華な店を目指していたわけではなかったらしい。ただ、当時の状況として、「外人居留地では、在住民が常用のコーヒーを飲んでいても、敬遠されたそこへは、外から容易に入っていけなかったので、一般の市民にはほとんど縁遠いもの」（井上誠『珈琲の書』柴田書店、１９７２年）だったようだ。それでも、ここには画家の小出楢重、鍋井克之、足立源一郎、鶴丸梅太郎、劇作家の食満南北、詩人の百田宗治といった面々が顔をそろえ、「プライム会」なる月一回の例会も開かれるようになり、その後は「きさらぎ会」と名を変えて継続されていった。19世紀末フランスのような、ボヘミアン芸術家の溜り場として大阪に初めて登場した《カフェー・キサラギ》は、形を変えつつ現在もいまだに根強く残る、ヨーロッパのカフェへの憧憬が感じられる。

ところが、生粋の大阪ぼんちであり、渡欧経験もあった洋画家・小出楢重にとっては、大阪の居留地の街並も少し色褪せて見えていたようだ。「居留地の西洋館というものは、ほんのバラックであり、（略）要するに植民地の西洋館であった訳だといっていいかと思う」（『小出楢重随筆集』岩波文庫、１９８７年）。当時少年だった寺川が「エキゾティックな感傷」に浸ったというそこにあったのは、パリの白い石造りの街ではなく、「ほんの腰かけのため」の西洋館だった。それでも、小出は川口周辺の眺めに、「日本ではなく西洋でもなく、支那でもない一種混雑した情景」を見出し、旧さに新しさが積み重なったところに「掬《すく》いきれない味のある都市」を想像した。それは、小出が当時でも数少ない〝モダン〟な目線の持ち主だったからでもある。

一方で小出はこんな風にも漏らしている。「学術、文芸、芸術、とかいう類の多少憂鬱《ゆううつ》な仕事をやろうとするものにとっては、大阪はあまりに周囲がのんきすぎ、明る過ぎ、簡単であり、陽気すぎるようでもある」（『小出楢重随筆集』同前）。明け透けな大阪の土地柄と、ヨーロッパとの埋めがたいギャップをどうにか消化しようと、夜な夜な芸術談義を交わし、「ここではないどこか」として集まった場所が《カフェー・キサラギ》だった。バラックの洋館の間で、陽気な大阪の人々も遠い異国を想いながら、彼我の差に悩んでいた時期があったのだ。

ところで、当時の芸術家のみならず、今もってヨーロッパ、とりわけフランスとカフェのイメージは強烈に結びついている。例えば、渡辺一民『フランスの誘惑』（岩波書店、1995年）には、日本独特のフランス像が形作られた状況が詳らかに紹介されている。同書によると、明治初頭には英米仏に留学生を派遣していたにも関わらず、最終的に新政府が国政の手本を絶対主義色が強いドイツに求めた一方、1892年、渡仏から戻った黒田清輝らが、世界的な美術運動の中心として紹介。文学者・美術家の渡航が後を断たず、もれなくフランスかぶれとなって帰国した。ただ、しだいに政府から国益に無関係な余計者扱いされて、彼らが反抗的にフランスを〝理想の地〟とし始める。さらに1909年の永井荷風の『ふらんす物語』の発禁騒ぎが拍車をかけて、やがて日本の一般大衆も〝芸術の国〟を認知することとなる。まさにその1910年頃に足並みを合わせて、《カフェー・キサラギ》や東京の《カフェー・プランタン》、《メイゾン鴻ノ巣》などが相次いで開店したのは偶然ではないかもしれない。ボヘミアンが集い芸術談義に花を咲かせる場所・カフェこそはフランスの象徴であり、帰国した連中はフランスをカフェに見出した。ここから「カフェ＝フランス」という図式は、今に至るまで強固なイメージを保ち続けているように思われる。

3 文化人の拠り所となった揺籃期のカフェ

明治時代、築港や博覧会など、いわば自前で都市近代化事業をスタートさせた大阪は、元号が変わって大正に入り、市民のための文化施設の建設に力を入れる。内国勧業博覧会の跡地は半分を天王寺公園として開放し、もう半分は１９１２年（明治45年）に「新世界ルナパーク」として再活用。初代・通天閣とホワイトタワーをロープウェイが結び、アトラクションや演芸場、活動写真、ローラースケート場から温泉施設まで備えた、一大アミューズメントパークとして人気を博した。他にも大正年間には、天王寺動物園、中央公会堂改築、大阪市民館、市民病院が開設され、当時の日本の自治体としては先駆的、高度な施設を備えた。東京ではほとんど国立に頼っていたことを考えると、民都・大阪の先進性がうかがえる。また１９１４年（大正3年）から１９１８年にかけて起こった第一次世界大戦は、日本は直接参戦しなかったが、いわゆる〝戦争成金〟を生み出したことで好景気に沸いた。しかも大戦による経済発展は、単なる成金景気に終わらず、商工業の発展、生活様式の変化を促し、大阪でも都市の急拡大がもたらされた。

その時代を象徴したのが、都市・大阪最初のメインストリートとして開通した堺筋《さかいすじ》だった。かつては紀州街道の一部であり、堺への主要ルートだったが、江戸時代の大坂は東西方向の道路が主で、南北方向の堺筋は３・３間（約６ｍ）幅しかなかった。それが、１９０８年から１９１２年にかけて、北浜〜恵美須交差点間が12間（約21・８ｍ）に拡幅され、大阪市電が相次いで敷設。大正時代に入ると、堂々たる街路に沿って現れたのは、百貨店のモダンなビル群だ。いち早く店を構えたのは、高麗橋の三越呉服店。１９０７年の開業当初は町家風の店構えで、履き物を脱いで入る仕様だったが、１９１７年には、高さ33ｍ、ルネサンス様式の地上７階建てに新装。屋上庭園、大食堂、少年音楽隊を擁し、市内の百貨店随一の風格を誇った。さらに１９２１年には白木屋、１９２２年に高島屋、１９２５年には松坂屋が、相次いで店を構えた。また堺筋ばかりでなく、心斎橋の大丸呉服店、心斎橋十合呉服店もショーウインドウを持つ店舗に改装。これら老舗の商法に対して、全く新しい手法を取ったのが阪急で、１９２０年、梅田駅２階に日本初のターミナルデパートとなる阪急マーケットを開業。食料品と大食堂を中心とした売場構成で対抗し、大阪市内の百貨店競争が激化していった。

同時に、衣食住の中に急に洋風文化が浸透し始め、食生活の変化が急速に進んだのも、この頃だった。それに伴い洋菓子の需要も伸び、大正時代の中期から後期にかけては、まず１９１８年に森永製菓が大阪・三国《みくに》の大仁《だいに》第三工場で洋生菓子の製造を始めた。１９２２年には北浜米屋橋に東京凮月堂《ふうげつどう》の流れを汲んだ合名会社「凮月堂」が登場する。洋菓子販売だけでなくレストランも併設した店舗は、界隈のシンボル的存在に。さらに大手洋菓子会社、百貨店の洋菓子部門が普及に拍車をかけた。

また、料亭の《灘万《なだまん》》が1902年にパンの製造、1907年に洋菓子製造に着手。1919年に大阪ベーカリーが開業するなど、パンの製造・販売も広がる。これには、1918年の米騒動により、米価が高騰したことがパン食への移行を後押しした側面もある。ここまでに、コーヒーの飲用そのものは伝わっていたと思われるが、あくまで西洋の食文化の一部であり、徐々に新しい食に慣れることで、コーヒーの存在も身近になっていったと考える方が自然だ。料理と共に提供される飲料ではなく、間食としてパンや洋菓子と共に楽しめる場が増えることで、コーヒーを飲む機会は飛躍的に増える。以降、パンと洋菓子の広まりはコーヒー普及の大きな後押しになったと言えるだろう。

そんな世相のなかで、川口居留地の《カフェー・キサラギ》を萌芽とした大阪のカフェは、大正時代に入って賑やかなミナミの盛り場に姿を見せるようになる。1874年に誕生した千日前は、明治末年の「南の大火」を機に新旧の娯楽がひしめきあい、この頃には尖端的街区へと脱皮しつつあった。明治後半から大正時代にかけて千日前界隈は、東京・浅草、京都・新京極《しんきょうごく》と共に、〝日本の三大盛り場〟と称されるまでに発展。1911年に豪華な劇場・芦《あし》辺倶楽部《べくらぶ》が現れ、１９１４年に開業した楽天地が、千日前の新たなシンボルとして不動の地位を築いた。中でも、楽天地は木造大ドームを持つ４階建ての頂上に展望台、周囲に娯楽施設を従え、〝娯楽の百貨店〟と称された。

片や道頓堀では、芝居街の象徴である旧五座が伝統を守っていたが、１９２３年に、日本初の鉄筋・鉄骨・コンクリートの劇場・松竹座が登場。欧米のミュージックホールを模した、モダンな映画館は、界隈の雰囲気を一変させた。社寺や遊郭などの古い盛り場は廃れ、映画と漫才・大衆演劇など手っ取り早いひと時の気晴らしを揃えた新興歓楽街が、娯楽の中心を占めた。また「南の大火」で全焼した難波新地に代わり、天王寺の南側に新たに飛田《とびた》遊郭《ゆうかく》が誕生。明治末年まで、大阪で新聞記者として勤めた松崎天民によれば、「新しく出来た飛田や、松島の遊郭などは、労働階級や、中産階級の人を主として客にして居たが、戦争以来の好景気で、毎夜、賣切れと云う盛況であった。東京の人や地方人は、その繁昌を見て、舌を巻いたりした」（『夜の京阪』金港堂書籍、１９０３年）という。

道頓堀・千日前を核としたミナミの領域も、この頃には恵美須町、新世界まで拡張。通天閣がそびえる新世界ルナパークの人気も相まって、各所を結ぶ通りの周辺には商店・飲食店が軒を列ねた。さらに市電のネットワークが人の流れを引き寄せ、銀ブラよろしく〝道ブラ〟〝千ブラ〟と称して街を徘徊する遊歩者達が、猥雑《わいざつ》と享楽《きょうらく》に満ちた盛り場の新たな楽しみを見出していた。折しも第一次大戦の好景気を背景に、急速な資本主義とモダニズムの波及が大衆の生活に大きな変化をもたらしていた。鉄筋のビルが立並ぶ近代都市が姿を整え、サラリーマンの増大と共に洋服、洋食、郊外住宅が普及して洋風化しつつあったライフスタイルも、カフェの浸透と時を同じくしている。

この喧騒《けんそう》の中に新たな根城を求めたのは、かつて《カフェー・キサラギ》に集った芸術家たち。時代が大正に変わると共に、ミナミには次々とカフェが現れる。その先駆けにして、当時を象徴する存在だったのが、《カフェーパウリスタ》と《キャバレ・ヅ・パノン》だ。

《カフェーパウリスタ》は、１９０８年に最初の日本人移民団長としてブラジルに渡った水野龍が、現地のコーヒー産業に貢献した功績を認められ、豆の無償提供と宣伝販売権を得て、１９１１年に箕面に1号店を開店。全国に20店舗以上を出店し、一杯5銭のコーヒーとドーナツと共に、「喫茶店」の存在価値をも世に根付かせた功績は大きい。《パウリスタ》は、１９１３年に道頓堀に移転新装。道頓堀の芝居茶屋に生まれ育った演芸作家・三田純市によれば、「道頓堀でコーヒーを飲ませる店が、はじめてできたのである。室内は壁いっぱいに鏡をはめこみ、籐椅子をおいて、テーブルは大理石、これで珈琲一杯が五銭というのは安い（略）もちろん女給などはいない。十三歳から十六歳ぐらいまでの少女が、黒の制服に白エプロンでコーヒーを運んでいた」（『道頓堀 川／橋／芝居』白川書院、１９７５年）。ここでは、「大阪文芸

大正時代の道頓堀を描いた、織田一磨『道頓堀』（1917年・大阪中之島美術館蔵）。画面中央左に《パウリスタ》の文字が見える

同好会」が長く会場として講演等を催し、この頃に道頓堀を活動の拠点として創立された「番傘川柳社」の川柳会も行われた。店の規模が大きかったからか、落ち着いて文学を談じるに適した場であったようだ。

当初からヨーロッパに倣って、芸術家たちの溜まり場として熱を帯びつつあった当時のカフェだが、その設えはまだ本場と比べるべくもないものがほとんどだった。しかし1913年、《キャバレ・ヅ・パノン》、通称《旗の酒場》の開業によって、ようやく彼らも心を満たす場所を得ることになった。2階建ての洋館は、セセッション様式の外装に三角ランタンを灯し、珍しいステンドグラスとビロードのリドーが色を添える。店の中に入れば、エプロンを廃して揃いの銘仙の着物を着て、断髪や耳隠しにした若い女ボーイ。薄桃色の壁面にビアズレーの版画、ピンクの卓に黒い椅子、窓辺のソファーからは川面に映える蠱惑《こわく》的な街の灯を望む、まさに〝理想のカフェ〟を体現した。

開店に際し、命名者の洋画家・足立源一郎は次のような案内を送っている。「今度、欧羅巴《ヨーロッパ》の芳烈な美しい酒や、お口取の軽い仏蘭西《フランス》風のお料理や温い香の高い烏龍茶や、ショコラーを用意しまして、酒場を開きました。こちらの方面へお出かけの折や、お芝居の幕間やおかえりがけに、何卒お立ち寄を願います」（『画家・足立源一郎の記録』三好企画、2002年）。そんな瀟洒《しょうしゃ》なカフェが、いまだ古風な芝居街に現れたのだから、大阪生まれの劇作家・長谷川幸延をして、「絢爛《けんらん》たる道頓堀に足をふみ入れても、まず目をみはらしめたものはパノン（略）なんといってもパノンを素通りする事は出来なかったろう」（『たべもの世相史・大阪』毎日新聞社、1976年）」と言わしめたのも頷ける。

フランス帰りの足立は内装も担当したが、そのモデルは東京・銀座の《カフェー・プランタン》だったと言われる。両店についての記述を突き合せると、内部はかなり似たものだし、レストラン並の洋食や5種類のリキュールが層をなす〝五色の酒〟なども、原型は《プランタン》にある。また客を「ウカク（ウ＋各）」、顔を「ヒコページ（彦＋頁）」と呼ぶような、奇妙な隠語も同様で、〝パノン言葉〟として流行ったりと、カフェの先駆け《プランタン》への羨望と、その影響力の大きさを改めて感じさせる。海外渡航者の語るパリへの憧憬は、同時に東京へのそれも含んでいたかも知れない。後年、『道頓堀行進曲』の作詞を手掛けた日比繁治郎は、《パノン》の様子を以下のように記している。「若い洋画家達が巷の風景を談じ大阪の町の女の風俗を談りあったりしてゐた。酒通も茶の通も煙草の通も、さほど気取ったものではなく、逍《さす》が職掌柄で実際経験の通が多かった芸術家といふやうな人も顔を出した。新空気に浸ることの好きな若い俳優もゐた。姉さん株の芸者衆も時に昼休みの茶を呑みに入って来た」（『道頓堀通』四六書院、1930年）。

意外に長閑《のどか》な雰囲気が感じられるが、ミナミの話題をさらった《パノン》に集まる客層が、多士済々となったのは言うまでもない。《カフェー・キサラギ》なき後の「プライム会」の面々に加え、宇野浩二、吉井勇、竹久夢二、「番傘川柳社」創立者の岸本水府ら文士・画家・役者のほか、ジャーナリストや財界の実業家まで挙げれば切りがなく、夜毎、議論と嬌声《きょうせい》が絶えなかった。クリスマスにはバンドやコーラスを呼んで仮装大会なども開かれ、そこは少なくとも、彼らにとっての〝自由の国〟だったに違いない。当時、資生堂宣伝部大阪分室に勤務していた《パノン》の常連によれば、「洋画壇の大家・鍋井克之さんや、宇野浩二、桂春団治（初代）、花柳章太郎、百田宗治、大林芳五郎らもよく姿を見せ、小林一三も乙部さんの兄の友人だった関係から、ときどきやってきた。このほか、若い建築家あり新聞記者あり弁護士ありで、パノンは大阪の文化人のサロンの感があった」（『実記・百年の大阪』朋興社、1987年）との回想にも、《パノン》の求心力がうかがえる。

この《パノン》と《パウリスタ》は何かと対照的で、前者がパリ好みの華麗さを誇る社交クラブ的なカフェの典型だったのに対し、後者は純喫茶の草分けで、無味乾燥だが落ち着いて話をするのに適しているといった見方があったようだ。当時のカフェ事情を丹念に追った斎藤光『幻の「カフェー」時代』（淡交社、2020年）では、カフェは「洋風の内装調度の店内で、洋風の飲食、たとえばコーヒーや洋酒、カレーライスなどの洋食をとる場である。かつてそのように、一般の人々から認識されていた」場所とされる。《カフェー・プランタン》が創業した1911年が、人々にその認識が広がり、「カフェージャンルの登場」としているのに倣えば、大阪においては《パノン》と《パウリスタ》の2大カフェが嚆矢《こうし》となるだろう。

この頃の道頓堀界隈には、カフェや西洋御料理店を名乗る店が次々に出現。1912～14年頃にかけて、《ナンバ》、《クレナイ》、《ミカド》などが追随し、これら先駆者の盛況が刺激となって、さらに新たな店が増えるという状態だった。大阪で2番目のカフェとして言及されることが多い《カフェーナンバ》は、大正元年ごろ楽天地近くに開店。再び寺川によれば「田舎の駅前ミルクホール」のようなみすぼらしい店構えながら、「此処のカフェ程特色のあった処は、その後再び出来なかった」（「大阪カフェ源流考」同前）という。なるほど地味な建物とは裏腹に、宇野浩二が大阪から創刊した雑誌『シレエネ』、詩歌専門誌『キタルラ』、上田敏を担ぐ雑誌『詩と散文』などの同人が夜を徹して熱っぽく論を交わし、また俳人や日本画家が顔を見せたかと思えば、新劇俳優や女優、新聞記者が夜毎入れかわり立ちかわり、狭い店内を占拠して一見の客など寄せつけず、常に20歳前後の芸術青年や関係者が占め、本場に劣らぬ濃密な雰囲気を発していた。

ここで、特記しておきたいのは、中山太陽堂（クラブ化粧品）が設立した「プラトン社」関係者が《カフェーナンバ》に出入りしていたという記述だ。「双美人」の意匠で知られる中山太陽堂は、１９０３年に中山太一が神戸に開業し、クラブ洗粉（洗顔料）のヒットとド派手な「クラブ式広告」戦略で一躍有名になった。当時、資生堂と東西の双璧をなす化粧品会社であり、またモダニズム文化のパトロンでもあった。雑誌ジャーナリズム全盛期にあって、プラトン社は、１９２３年からわずか6年の短命に終わったが、惜し気もなく投資したその陣容たるや綺羅星のごとく。編集部には小山内薫、川口松太郎、直木三十五（当時は三十二）、発行人に松阪青溪（寅之助）、デザインに山六郎と山名文夫の二枚看板と豪華な面々が顔を揃えた。とりわけ山名のキャリアが大阪から始まることは意外に知られず、プラトン社が存続していれば、後の資生堂のイメージも変わっていたかもしれない。

とまれ彼らの手によって、日本文壇総まくりの感がある『女性』、後に「文壇の格付機関」とまで言われた『苦楽』、マニアックな姿勢がウリの『演劇・映画』といった美麗な雑誌が刊行。各巻通して日本近代文学史ができあがるほど、多彩な執筆陣が目次に名を列ねた。ただ、話を戻すと《ナンバ》は１９１７年頃には閉店していて時間軸と整合性に怪しい部分があるが、むしろ《パノン》辺りには出没したのではないだろうか。なぜなら、《プランタン》の名付け親が他ならぬ小山内薫であり、そうした人士がカフェと縁がなかったという方が難しい。プラトン社の面々がカフェに現れてもおかしくないが、不思議とそういった記録は見られない。

千日前・蘆辺《あしべ》劇場に近かった《クレナイ》は、別府航路の豪華客船であった紅丸の厨房長・松井某が手掛け、場所柄、主に演劇人が多く集った。とはいえ、それほど規模も大きくなく、「吃驚《きつきょう》するほどの別嬪《べっぴん》の女給仕がゐるといふ譯《わけ》でもありませんし、飛びきった不思議な食ひ物があるといふ譯でもないんです、偶に髪の長い音楽屋や、黒い帽子をかぶった文藝家などといふ人達が、一二人の女などを交へて、文藝の話で寄り合ふ事がある位が関の山で、あとは皆ザラのお客様」（『夜の京阪』同前）だったという。

また、鰻屋の柴藤が戎橋《えびすばし》南詰で始めた《ライオン》も、松竹座の向かいという立地から、劇場や松竹楽劇部（OSSK）の関係者が愛用し、店主が純文学機関誌を発行した《ミカド》では「文藝同攻会」（「同好会」とは別）が開かれたりと、すでに各店の棲《す》み分けも見られる。さらには元洋食堂の《ムライ》がカフェに転業し、アメリカ帰りの経営者がブラジルコーヒーの宣伝のため開業したとされている《サンライス》、同じくアメリカ帰りの呉服屋主人が手掛ける《石川食堂》、繊維会社が出資した《アイオイ》が開業。新世界には、噴水庭園やステージを備えた巨大カフェ《ニコニコ》、元松竹女優上村あや子と本荘幽蘭の経営する《白百合カフェー》も現れる。１９２０年頃までは、まさにカフェ揺籃期《ようらんき》であり、この時はまだ、芸術家の憧れを体現する場でもあった。

一方で、これまで道頓堀の代名詞でもあった芝居茶屋は廃業が相次いだ。その空白を数多の飲食店が埋め、カフェが時代を象徴する存在に成り代わっていった。かつての芝居見物は、舟で道頓堀に乗り付けて観劇に赴き、幕間のたびに茶屋で酒食を楽しみ、化粧や衣装をかえて、一日がかりの娯楽だったが、手っ取り早く楽しめるモダンな娯楽の隆盛には抗えなかった。しかし、失われゆく芝居茶屋のなかに、意外な転身を図った老舗がある。江戸時代から続く老舗茶屋・稲竹が看板を下ろし、鞍替えしたのは、なんと西洋楽器店。１９１６年に誕生した《今井楽器店》は、現在、大阪うどんの名店として多くの観光客が訪れる《道頓堀 今井》のルーツでもある。当時の経緯をたどった同店のホームページによれば、５代目・今井寛三の発案でおもちゃ屋も併設して始まり、神戸の楽器輸入商から仕入れた舶来の楽器や、竹久夢二の表紙絵がついたセノオの美しい楽譜がショーウインドーに並んだという。ちょうど今井楽器店の真向かいに《キャバレ・ヅ・パノン》があり、カフェの瀟洒な店構えと共に遊歩する人々の海外への憧憬を誘った。

この頃、ミナミには、アメリカで発したジャズの調べが到来していた。すでに明治末年頃から、外国航路で演奏する楽隊が、本場のレコードや楽譜を持ち帰り、軍楽隊や無声映画の楽士を養成・手配したバンド屋、さらに三越や松坂屋、高島屋、老舗料亭の《灘万》、鰻の《出雲屋》などの飲食店までもが音楽隊を抱え、多くのミュージシャンが輩出しつつあった。心躍るジャズのリズムは、やがて日本人をも虜にし、大正末期から昭和初期にかけて繰り広げられる、大カフェー時代を彩ることになる。

4 〝大大阪〟を象徴した赤い灯・青い灯のきらめき

大正末から昭和初期にかけての大阪市は、まさに黄金時代を迎える。１９２５年（大正14年）の第2次市域拡張の結果、大阪市の人口は東京市を抜いて全国1位、世界6位の大都市になった。１９２３年の関東大震災で、東京が大きな打撃を受けたこと、その後の復興が遅れていたことにもよっていたが、東京が拡張する１９３２年（昭和7年）までは工業生産額も全国一の座を占めた。

〝大大阪《だいおおさか》〟と称された空前の繁栄は、当時の大阪市長・関一《せきはじめ》の名を抜きに語ることはできない。関一が第7代大阪市長に就任したのは、関東大震災が発生した１９２３年。東京高等商業学校（現・一橋大学）の学者であった関は、１９１４年に大阪市長の懇請を入れ、教授職を辞して、市の高級助役に就任。市長として、都市政策理論の研究を通して得た知識や持論をもとに「総合大阪都市計画」を発表し、矢継ぎ早の事業によって「大大阪」へと姿を変えていった。それを演出したのが、生粋の東京人だったのは皮肉ともいえるが、現在の大阪の姿はほぼ関の計画によるもので、その先見の明は今も高く評価されている。都市政策のパイオニアであり、在職中から〝大大阪の恩人〟〝学者市長〟と称された。

　大大阪の確立に伴って、近代的な都市生活意識が広がり、職住接近が根強いなかでも、電鉄網の発達につれて郊外住宅地にモダン・ライフを求める中間層以上の人々も増加した。区画整理事業によって、住吉区帝塚山のような閑静な住宅地やモダンな大阪住宅経営会社の田辺町経営地（住吉区）なども出現し、市の周辺には良質な長屋住宅と落ち着いた街並みが散在。１９２５年に２１１万人であった大阪市の人口は、１９４０年には３２５万人に達した。国勢調査による人口としては空前絶後のもので、戦後もこの数字は抜かれていない。

　とりわけ、大大阪の中心軸となる事業は、梅田～難波を結ぶ御堂筋《みどうすじ》と市営地下鉄の整備だった。御堂筋は１９２６年に起工し、3間幅の街路を8倍に広げ、１９３７年に開通。一方、地下鉄の工事は１９３０年に始まり、難工事の連続を経て梅田～心斎橋《しんさいばし》が開通したのは１９３３年、2年後に難波、5年後に天王寺まで延伸した。地下鉄が結んだ南北のターミナルでは、１９２９年、梅田駅に阪急マーケットを前身とする阪急百貨店が、１９３２年、南海難波駅に冷暖房と総合結婚式場を呼びものにした髙島屋南海店が開店。さらに地下鉄の開通によって、ミナミの心斎橋は銀座に比肩する、「尖端的流行の展覧会場」となり、心ブラに興ずる人々があふれた。１９３５年前後の雰囲気は次のように描かれている。「一夜に三度となく五度となく『心ブラ』に時を過す。何が彼等をしてかうさせるか。それはここに漂ふ消費的な華やかな雰囲気である。明るい飾窓、そこに並んだ流行の品々、鈴蘭燈、ネオン・ライト、喫茶店、酒場、レコードのジャズ、靴音、談笑の音、はなやかな色彩の交錯、人の波、（略）誰しも惜しげなくみせている、生活苦を忘れたような微笑―さうしたものによって構成された雰囲気である」（『日本近代都市の成立―１９２０～30年代の大阪』松籟社、１９９８年）。巷ではトーキー映画が大衆娯楽の主役になり、ラジオからはエンタツ・アチャコの漫才や、豊中《とよなか》球場で始まった全国中等学校優勝野球大会の実況中継が人気をよんだ。

昭和初めの心斎橋
（『大阪市産業大観』、1929年）

　何よりも、日本一の都市となった大大阪の隆盛を象徴したのが、ミナミに続々と現れた大カフェーだ。時代を象徴する存在としてますます勢いを増し、新たなサービスも次々と打ち出され、とりわけ女給の変貌がカフェーのイメージを決定づけた。大正時代初めの草創期から、すでに各カフェには女給がいたが、行儀のいい白エプロン姿の若い女性は、まだ〝女ボーイ〟と呼ばれ、単なる給仕以上のものではなかった。《カフェーパウリスタ》では、「上品に行儀よくサービスをして客席にわり込んで、話の仲間入りをするなどのことは迚もなかった」（「美人座物語：近代日本のカフェ文化（１）」：『関西学院大学社会学部紀要』１３５号２０２０年所収）という。そこには文士、芸術家らが時間を過ごす、まさにヨーロッパで見られるカフェの光景が展開されていた。ところが、カフェの盛況ぶりを見て、「これを大衆向けにすれば儲かる」と考える抜け目ない商売人が出てくるのが商都・大阪の面目躍如《めんもくやくじょ》というべきで、飲食本位のカフェから、女給のサービスを主とするカフェーに変わり、もはや芸術家や文士らの集う場所ではなくなっていった。果たして大正末期から4、5年のうちに、赤い灯・青い灯が道頓堀に氾濫することになる。

　昭和の初め頃に登場した主だったカフェーだけでも、《ユニオン》、《美人座》、《道頓堀》、《日輪》、《赤玉》、《南地赤玉》、《フランスバア》、《アシベ食堂》、《ヴヰナス》、《タイガー》と、枚挙に暇がない。中でも、《美人座》と《赤玉》は、界隈で有数の大規模な施設を誇り、道頓堀を挟んで相対するように並んだ二大カフェーは、道頓堀のシンボルとして互いに争うようにお客を呼び込んだ。いち早く登場した《赤玉》は、１９２５年、創業者の榎本正が天神橋筋六丁目で開いた料理店《天神五赤玉》に端を発する。翌年、道頓堀に進出し、当時は珍しかった2階建てのカフェー《赤玉食堂》として新装。大理石のテーブルを配置して室内装飾を整え、錦紗の着物で飾ることで女給の容姿を追求した。店の2階にはボックス席を設え、40人の女給を擁した。１９２８年には、隣の芝居茶屋を買収し、赤い風車のネオンが輝く《赤玉ダンス場》を増設。進取の気性で流行を生み出し、カフェーの新境地を開拓した榎本は、後に〝カフェー王〟と称されるほどの成功を収めた。

片や、《赤玉》と並び立つ《美人座》の開店は１９２７年。またたく間に事業規模を拡大し、１９３０年には大阪の曾根崎《そねざき》新地とミナミの2店を構えた。こちらも舞踊団とジャズバンドを擁し、１９２９年には「美人座」という題名の映画も制作され、実際の《美人座》の姿を映画の中に登場させ、宣伝にも利用するなどの戦略で、確固たる地位を築いていった。作家の織田作之助は若かりし頃、当時の両カフェーが対峙する様を記している。「赤玉が屋上にムーラン・ルージュをつけて道頓堀の夜空を赤く青く染めると、美人座では二階の窓に拡声機をつけて、〈道頓堀行進曲〉、〈僕の青春〉、〈東京ラプソディ〉などの蓮ッ葉なメロディを戎橋を往き来する人々の耳へひっきりなしに流していた」（『世相』講談社、２００４年）。

さらに、この両店に追随したのが、同じく１９２７年に登場した《ユニオン》だ。経営者・小堀勝蔵はハワイで成功した貴金属商の同郷人の帰国に刺激され、郷里の滋賀県から弱冠14歳で渡米。サンフランシスコで靴磨き、皿洗いなどをしながら5年間、見聞を広めた。帰国後の１９１７年に西九条でビアホール《朝日屋食堂》を開業。白エプロンを掛けた女給を50〜60人雇い、客席についてのサービスで人気を博し、当時、カブトビールの経営を手掛けた根津嘉一郎の後押しを得て、道頓堀進出を果たした。

カフェー《赤玉》のメニュー。25名の赤玉音楽団、天井ネオンなど豪華施設が紹介されている

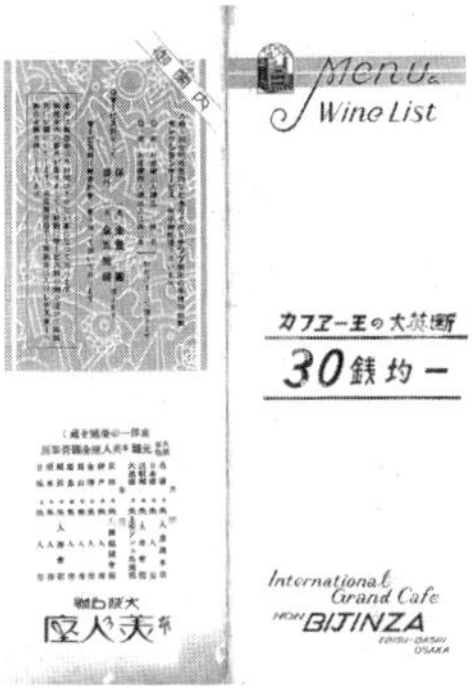

カフェー《美人座》のメニュー。支店の中に「京城」の表記があり、併合時代の韓国にも展開していたことが分かる

1932年のカフェー《ユニオン》のメニュー。

《ユニオン》は、1階の食堂に少女ウエイトレス、地下のバーにモガ・スタイルの断髪女給を置き、さらに2階を板敷きに改造してダンスホールを併設し、丸髷女給がサービスするキャバレー仕様に。ステージにジャズバンドを雇い入れての生演奏で人気を集めた。屋上には外国人女給がいるビヤガーデンまであったようだ。ほどなく女給はエプロンを取って、錦紗のお召姿で客席に侍るサービスが評判となり、月給制をチップ制に切り替えたことで、女給のサービスを競わせた。従来と一線を画すアメリカ仕込みの小堀の着想は、カフェーのサービスの新機軸を打ち出した。

カフェーの隆盛の一つのピークを示したのが、1928年に世に出た「道頓堀行進曲」の大流行だ。元は女優・岡田嘉子一座が松竹座で興行した同名劇の劇中歌だったが、カフェーの女給の恋愛を描いた物語が大いに受け爆発的にヒット。岡田自身も舞台後にカフェーに現れ、客と合唱したとか。「赤い灯青い灯道頓堀の／川面にあつまる恋の灯に／何でカフェが忘らりよか」のフレーズは、カフェーの街・道頓堀を全国に知らしめた。

この曲のみならず音楽、とりわけジャズは、カフェーと切っても切れないものだった。当時の盛り場の詳細な記録を残した村嶋歸之は、「カフエーのステーヂ、店頭のラウド・スピーカーから噴出する音楽は、すべてこれジャズならぬはない」、「カフエーはジャズによってカフエー気分を醸成され、客は胃袋と財布のケタを外して食べてくれる」（『カフェー考現学』柏書房、２００４年）といったほどだ。この頃、先にふれた鰻の《出雲屋》が手掛ける「いづもや少年音楽隊」の一期生として演奏していた一人に、大阪が生んだ大作曲家・服部良一の姿があった。長じて、道頓堀のカフェーで数々のステージに立ち、一時は《赤玉》の専属バンドの一員としても活躍。《今井楽器店》は、カフェーに出演するバンドメンバーがたびたび訪れたというから、芝居茶屋から転身した先見の明に恐れ入る。服部は自伝の中で道頓堀をジャズ発祥の地・ニューオーリンズになぞらえ、この時代の大阪に満ちたジャズを「道頓堀ジャズ」と呼んだ。戦後、笠木シズ子と組んだ「東京ブギウギ」、「青い山脈」など数々の名曲を生んだ作曲家の原点は、カフェーの熱狂と歓楽の中にあった。

閑話休題。その後、１９２９年の世界恐慌による不景気の嵐が吹き荒れ、世間を取り巻く状況も変わったが勢いは衰えず、１９３２年に開業した《カフェー丸玉》は、時代の変化を捉えたサービスで、カフェー競争に拍車をかけた。創業者の木下彌三郎は、１９１９年に、堺筋本町でパンの販売とミルクホールを併設した《神崎屋総本店》を開店し、カレーライスを主にした十銭食堂も手掛けていた。この時の神崎屋のコックが、後に《オムライスの北極星》を創業する北橋茂男だったという。その後、木下は、道頓堀の洋食店《石川食堂》の閉店を受けて、跡地を大改装。間口23m、奥行は道頓堀の一つ南筋〝芝居裏〟までブチ抜く38m、面積７９５㎡の大フロアを出現させた。自前の少女歌劇団を抱え、２５０人の女給を揃

1937年頃の道頓堀
（『写真で見る大阪市100年』（財）大阪都市協会、1989年）

えたグランドキャバレー《丸玉》は、「眠れるカフェー界への爆弾投下」の大看板を掲げ、とりわけ先行する《赤玉》との激しい競争は語り草となっている。ここでは、女給のチップを廃し、明朗会計のサービス料の勘定制度、ボルネシステムを採用。追随する店が相次ぎ、陰りが見えたカフェー業界のカンフル剤となった。

同時に、大阪の大カフェーの波は、東京・銀座をも飲み込む。１９２８年、《ユニオン》が進出したのを皮切りに、2年後には《美人座》が、銀座二丁目のカフェ《クロネコ》を買収して《銀座クロネコ本美人座》を、続いて《赤玉》が《銀座会館》、《キャバレー赤玉》を出店。《美人座》に至っては、海を越えて台湾・韓国にまで支店を広げていた。怒濤の開店ラッシュで濫立する派手なネオン、濃厚な女給サービスは、銀座の街を瞬く間に席巻。当時の新聞には、「カフェーは西方より」（『大阪朝日新聞』１９３０年6月7日）「銀座を吹巻く大阪エロ」「道頓堀資本の一斉進軍」（『読売新聞』１９３０年10月20日）といった見出しが躍った。大阪カフェーのあまりの露骨さに、安藤更生などは、「銀座は今や大阪カフェ、大阪娘、大阪エロの洪水である。

大阪カフェの特色はまず第一にエロだ。大阪女給はエロ工場での熟練工である。――それともう一つの特色は大衆性にある。大阪カフェの空気は全くインテリ性を没却している。――大阪のカフェはしる粉屋や三好野へはいるのと同じ気持ちではいれるのだ」（『銀座細見』中公文庫、1977年）と、揶揄を交えて憤るほどだった。カフェーの企業化、大規模化は、当時の大阪の持つ逞しさ、経済力の現れであり、実質本位の大阪人気質に適合したことで、繁栄を謳歌《おうか》したと言えるだろう。

　とはいえ、実は大阪も状況は似たようなものだった。とりわけ、《ユニオン》は《キャバレ・ヅ・パノン》の跡地に、《美人座》は、後にダンスホールに変じた《カフェーパウリスタ》の跡地に、それぞれ入れ替わるように現れたのは象徴的だろう。この大阪的大カフェーは何かと批判の的となることも多い。だが、変貌した《パノン》を目の当りにした鶴丸梅太郎が、「我々の楽園であった中座前のパノンは資本主義のアメリカニズムに侵されてしまった」（「道頓堀のカフェー黎明期を語る」：『上方』道頓堀變遷号、創元社、1932年所収）と、同じように嘆息していたことも忘れてはならない。なるほど安藤は「東京＝インテリ／大阪＝生活文化」と喝破した上で、大カフェーと大阪の親和性を強調するが、インテリは東京だけに住むものではないし、大阪にも商売人ばかりいないだろう。関東大震災の影響もあったとはいえ、様々の芸術的才能が蝟集《いしゅう》し、中山太陽堂やプラトン社が全盛を迎えた大正末期は、本場のカフェを求めた人々にとってのベルエポックだったといえる。《パノン》をはじめとする僅かなフランスの香りを惜しむ人は、決して少なくなかったはずだ。この時代を形成した一局面には、カフェという舞台装置が確固とした位置を占めていた。それが、ことごとく大資本カフェー発生の温床となってしまったのは、何とも皮肉な話ではある。ここに、日本のカフェ導入期の極端さも垣間見えるように思われる。それゆえに、わざわざカフェの後に〝ー（長音）〟をつけるような面倒が起こってくるのである。

5　大阪で現役最古の歴史を持つ〝百年喫茶〟

当時の賑わいの中心は圧倒的にミナミが占めていたが、ここでキタの方へ目を向けてみよう。梅田ステンショ開業以来、中之島や堂島《どうじま》に官公庁や公共施設が集まったキタのエリアは、勤め人相手の飲食店や宿、酒場を中心に歓楽街を形作った。１９０９年（明治42年）の「北の大火」（天満焼け）によって曾根崎川が埋められ、１９１２年に元禄年間から続いた花街である堂島新地と曾根崎新地が一体になり、新たに北新地が誕生した。また、大正から昭和初期にかけて、鉄道の発達につれて郊外住宅地にモダン・ライフを求める中間層以上の人々も増加。吹田《すいた》、豊中、浜寺《はまでら》、西宮《にしのみや》などが当時の代表的な住宅地で、１９３０年（昭和5年）の国勢調査によると、大阪市への通勤・通学者はそれぞれ２０００人以上になっていた。（『日本近代都市の成立―１９２０～３０年代の大阪』松籟社、１９９８年）。

そして、〝天下の台所〟の時代から商業活動の中心地として発展した船場《せんば》界隈は、とりわけ大正から昭和初期にかけて、「高層建築の重量感と、この辺の社会層がもつところの、一種の経済的威力というようなもの」（『近代大阪』創元社、１９３２年）を感じさせるほどの劇的な変化を見せていた。当時の大阪市内のメインストリートであり、市電が開通した堺筋には次々に百貨店が出店し、高麗橋野村ビル、生駒時計店、明治屋など、立て続けに石造りのモダンなビルの建設に賑わう。この一画には、大阪における大建築物が集合していた。ただ、一歩裏通りに入ると「殆ど別の世界である。ここでは、道路が道路としての用をなしていない。荷造場であり、自転車置場であり、塵埃置場」（『近代大阪』同前）であったという。目抜き通りは大きく変わったが、路地裏にはまだ前時代ののどかな空気が残っていた。

大阪で最初のカフェ、川口居留地の《カフェー・キサラギ》に始まり、数々の店について触れてきたが、ここで大阪で〝現役の〟最古の喫茶店が登場する。今も船場のオフィス街で営業を続ける《平岡珈琲店》だ。創業は１９２１年（大正10年）。立ち並ぶ高層ビルのただなかで、焦茶地に〝珈琲〟を染抜いた暖簾が、凛とした佇まいを見せている。《平岡珈琲店》は、

現在の《平岡珈琲店》

2021年（令和3年）に大きな節目となる創業100年を迎えた。大阪では初の〝百年喫茶〟であり、全国的に見ても、個人経営で規模やメニューがほとんど変わらず続いてきたのは稀有な存在だ。商売の街・船場の日常を見守ってきた、大阪で現役最古の喫茶店。その始まりは、初代・小川忠次郎氏が始めた輸入食品店に遡る。

忠次郎氏は、江戸時代から続く千葉・木更津の老舗醤油商の生まれ。「生来の新しもの好きであり、家業の得意先回りで東京と店を往復するうち洋風の生活に憧れを強め、洋装を誂えるほどのハイカラ人士だったようです」とは、3代目の小川流水さん。洋服を誂えて颯爽と銀座へ出かけたという、相当なハイカラ人士で、外国人を見つけては話しかけるなど、新しもの好きで好奇心旺盛な性格だったが、自らの流儀にこだわる頑固な一面もあったようだ。

なぜ「平岡」珈琲店なのに、店主が「小川」なのか、すでに「おや？」と思った方もおられるかも知れないが、その由来は忠次郎氏の出向先にあった。家業では、毎年、桶買い用醤油の買い付けのため、尼崎で仕事をしていた忠次郎氏は、定宿である料理旅館「平岡」の娘との結婚を機に婿養子として関西へ移る。その後、「平岡」からの出資を得てはじめはウイスキーやワイン、ビスケットなどの洋菓子を扱う輸入食品の店を始めるが、昔気質の商売人らしく、義理を通して命名した屋号が今に続く《平岡珈琲店》のルーツだ。

　ほどなく大阪に移り、念願のコーヒー専門店を構えたのは、船場の中心・平野町。大正期の平野町は、北船場の中心を東西に貫く目ぬき通りで、小売店が軒を連ねる繁華な街区だった。まだ大阪のメインストリートである御堂筋ができる前、東は大阪城に向かって真っすぐ伸び、西は府庁舎のあった江之子島、その向こうの川口の外国人居留地に続く通りは、当時の最先端のファッションストリートでもあった。「ハイカラなもんは、なんでも平野町で揃《こ》う」と言われ、お遣い物（進物）を渡すときに「平野町で買うて来ました」と言えば喜ばれたという。またここは、御霊《ごりょう》神社の参道にあたり、界隈は毎月一、六のつく日に夜店が立って祭のようになったという。

　北尾遼之助によれば、「北船場における、夜のもっとも遅い町、最も明るい町、最も歩くによい町、平ぶらという言葉が出来ている町、カフェ、飲食店の多い町、そして大阪市中で、

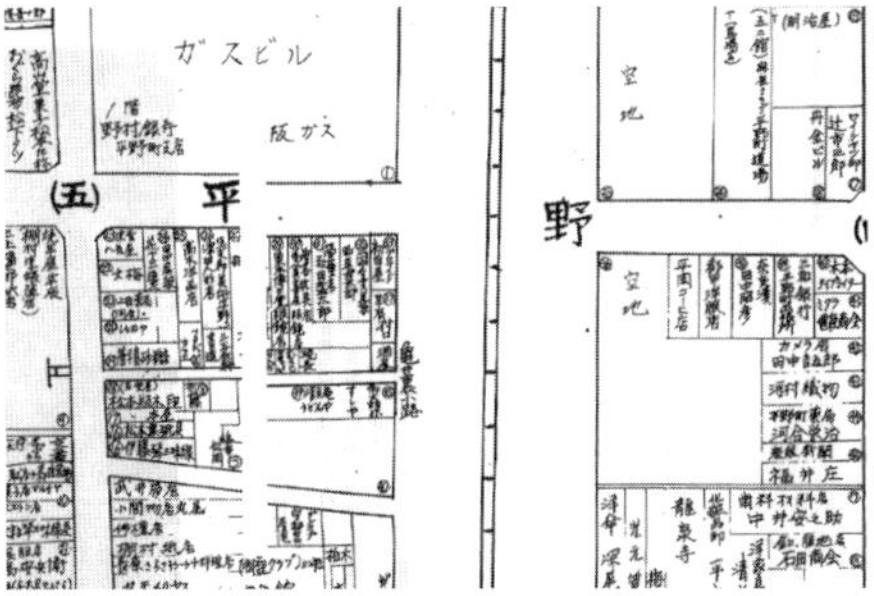

御堂筋の東、平野町沿いに「平岡コーヒ店」の記載がある
（『船場復元地図（1935年頃）』船場小学校同窓会、1984年）

可なり贅沢な喫茶店などをもつ町」（『近代大阪』同前）であった。神社境内にある文楽発祥の地・文楽座を中心に、周辺には、《御霊クラブ》、《あやめ館》（映画）、《国光》（浪花節）、《このはな館》（寄席）などの芝居小屋が取り囲むように繁盛し、《堺卯楼》や《吉野鮨》といった老舗料亭も控えている。さらに洋食店、カフェー、喫茶店が周辺を取り巻き、夜も人通りの絶えない盛り場となっていた。

1995年頃の《平岡珈琲店》。
2代目店主の小川浩さん（左）と3代目の流水さん

とりわけ《御霊クラブ》は界隈のシンボル的存在として1911年に建設。間口20m、奥行25mの大きさを誇り、主に2本立てを週替わりで上映。1934年には、《船場会館》というカフェーに変わった。「あの辺りで若い女性が、派手な着物に白エプロン姿でサービスしてましたわ」とは、《平岡珈琲店》2代目の浩さんの回想。他にも神社の裏には《文楽座》（後に《キャバレー文楽》）など大小のカフェーができ、ここでも例によってカフェー花盛りとなっていく。道頓堀、心斎橋筋と並び、平野町は人々が遊歩する〝ぶら〟には格好の道筋で、「車道、人道と分れた新しい舗装道路、梧桐の街路樹、美しい街灯それに新しい家と、目もさめるようなウインドーなどで、すっかり、むかしの船場風景は滅亡していた」（『近代大阪』同前）中で、〝コーヒー・オンリー〟の営業を始めた《平岡珈琲店》は、まさに〝可なり贅沢な喫茶店〟の一つだったろう。

古風な商人の町で、《平岡珈琲店》は界隈でも最も〝モダン〟な店として耳目を集めた。忠次郎氏は、創業当初からコーヒーの販売を念頭において始めたらしく、「実際、第一次大戦後の成金景気の時分、ええ時代の東京や横浜の暮らしが長かったから、なんせハイカラで。洋食にも近かったし、その時の珈琲店の繁昌ぶりも記憶にあったんちゃいますか」とは浩さんの弁。つまり、当初は輸入食品店とはいいながらも、本来はコーヒーを広めるのが目的だったということだ。

コーヒーとのそもそもの縁は、忠次郎氏の祖父がブラジル移民船に醤油を提供したことがきっかけ。その返礼にコーヒー豆を贈ったのは、誰あろう移民団長の水野龍。後に全国に支店を展開し、遍くコーヒーを広めた《カフェーパウリスタ》創業者だった。周囲は何に使うか分からなかったようだが、忠次郎氏だけは、それがコーヒーだと知っていた。全く未知の飲み物にも関わらず、ハイカラで鳴らした忠次郎氏は、「先々はお茶に代わる飲み物として商売できる」と直感。祖父の紹介を通じて、度々、東京・銀座の《パウリスタ》に通って教えを請い、見よう見まねでコーヒーを研究。また、毎朝、生地を仕込んで揚げる素朴なドーナツも、《パウリスタ》のレシピをベースに改良した創業以来の定番だ。いまや本家でも途絶えた名物を継承するここは、いわば日本の喫茶店史の系譜を今に伝える稀有な存在でもある。当時、多くの人がコーヒーを安価に飲める店として、《パウリスタ》の果たした役割の大きさは言うまでもないが、大阪随一の老舗との縁に、改めてその影響力を思い知る。

その頃は、まともな器具もなかったため、鉄工所に特注して、胴が六角柱型のオリジナル焙煎機を自ら考案。練炭を入れた五徳の上に器具を乗せる炭火焙煎で、鰻屋よろしく店先で香ばしい匂いをあたりに立ち上らせたという。「祖父が熱源に使っていたのは七輪で、今の手回し焙煎機と全く同じものを作っていました。空き缶に取っ手のついたようなもので、手作りで、そうとうギコギコするものでした（笑）。私が焙煎を始めたときもそれで。火に直接かけてガラガラと回すわけですが、温度計もないので音を聞いて、耳で判断するしかなかったんです。目で覗き込んでも暗いので」と、流水さんが振り返る。

試行錯誤を重ねたコーヒーの、独特の淹れ方は、今も創業時のままだ。ホーロー鍋でぐつぐつと沸かした湯に、挽いたコーヒー豆を一気に投入。ふわりと香りを漂わせながら煮だした後、天竺木綿で素早く漉《こ》す。この一見、原始的に思える抽出方法は、コーヒー本来の旨味とコクをしっかりと引き出しつつ、すっきりとした後味で支持を得てきた。大量に抽出して、保温しておくコーヒー・アーンが全盛の時代、時間が経つと風味が落ちるのが難点だったが、一杯出しできるこの抽出法は画期的だったに違いない。

また、当時、忠次郎氏の兄が神戸の老舗ベーカリー《フロインドリーブ》に勤めていたことから、昭和初期まではライ麦黒パンのサンドイッチや、コルネ型のハンブルクロールなる〝幻のメニュー〟もあったとか。大阪一モダンな平野町にあった《平岡珈琲店》だが、周囲はまだ町家が立ち並び、伝統的な商人町の面影が強く残っていた。三代続かないと信用されない昔気質の風習がまだ根強く、その中にあって、すでに朝食がパンやドーナツとコーヒーという洋風の生活をしていたのだから、「贅沢しない土地柄で、他の家がまだ質素な和食やったんで、〝コーヒー臭い〟て、よう言われました」と浩さんが言うのも無理はない。何にせよ、パイオニアに苦労はつきものだ。

それでも、近世と近代の狭間にあった船場にも、大正末期には転機が訪れる。木造の町家が立ち並び、伝統的な商人町の面影を強く残す街並みを大きく変えたのが、奇しくも《文楽座》が焼失した１９２６年に起工した、御堂筋の拡幅工事だった。近代都市への変貌を加速する大阪では、都市生活者の様相にも変化が現れる。開店当初の《平岡珈琲店》にサラリーマンの姿が多かったというのが、時代の移り変わりを示している。今の感覚では、これを〝変化〟と言われてもピンと来ないだろう。喫茶店で談笑しているサラリーマンの姿は、オフィス街では特に珍しくない光景だ。しかし、サラリーマンという人種は、当時の社会においては、むしろ希少種だった。

日本のサラリーマンの歴史は、１８９０年代後半に初めて大学の卒業生が会社銀行員となって以降、資本主義の目ざましい発展と歩調を合わせている。その後、日清戦争を経て、株式会社が普及し始めたことで企業規模も拡大。サラリーマンの就業人口比は、１９０８年に5・6%だったのが、日露戦争から第一次世界大戦を経た１９２０年には21・4%へと増加している。とはいえ、当時は民間より官吏の方が待遇がよく、北浜の証券取引所に山師まがいの株屋もたむろしていたくらいだから、株式といってもまだ投機的（賭博的といってもいい）なイメージが強かった。しかし、この頃になってようやく社会階層として定着し、松成義衛によれば、第一次大戦による好景気の恩恵を受けたこの頃は、「日本のサラリーマンにとってのベル・エポックであっ」た（『日本のサラリーマン』青木書店、１９５７年）。

そうした背景を考えると、《平岡珈琲店》が開店したのは、サラリーマンという職種がようやく世間に認められるようになった頃にあたるわけだ。今では店内には多くのサラリーマンが入れ替わり立ち代わりし、昼休みともなればひとときの寛ぎを求める人々で賑わいを見せる。いくら不況と言われようとも、コーヒー一杯飲むくらいはいちいち財布を気にすることなどない。だが、サラリーマン草創期には、この一杯はおいそれとは飲めない高嶺の花だった。浩さんの記憶によれば、１９３０年頃、コーヒー一杯10銭ほどのところここでは15銭と高級だったとして、「安田銀行の行員さんらもウチのお客さんでした。（略）大学出の初任給が45円か50円まで、手当ても5円ほどですな。支店長は100円もろてはるようでした。中之島の三井物産からも、たんと（たくさん）来てくれはったけど、物産あたりは相当高給やったんでしょうな。わざわざ50銭のタクシーに3人乗ってきてくれはった。昭和5、6年いうのは今なんかと比べようもない大不景気の時分でしょ。コーヒー代だけで月に5円近くなるとね、月給日前、17、18日ごろになったら店も暇になって」。（『船場大阪を語り継ぐ』和泉書院、2016年）

　当時の日本のサラリーマンは、大正時代の好況期に爆発的に増えたとはいえ、まだ就業人口の2割ほどしかいない、〝選ばれし人々〟だった。その中でも、《平岡珈琲店》は、今とは趣が異なる一種の社交クラブ的な場所でもあった。それが証拠に、通うお客は、会社の重役、船場の糸へん業者や道修町《どしょうまち》の個人商店の旦那衆といった面々がほとんどだったとか。それゆえ、ここで毎日コーヒーを飲む生活は、界隈の丁稚さんにとっては憧れでもあった。やがて、船場の丁稚さんの間では、〝《馬場万》（大阪最古の鞄店）の鞄を持って、《平岡珈琲店》に通う〟のが一つの憧れになっていたという。

　また、カフェーが主流の頃、正統派のコーヒー店として衆目の一致するところであり、貿易会社などで洋行を経験し、コーヒーを飲みつけていたサラリーマンも、よく訪れたそうだ。その頃は、「紅茶は家で出せたが、コーヒーはコーヒー屋でしか飲めない」と、人々に思われていたご時勢。まだまだコーヒーに親しみのない人も多く、舶来の特殊な飲み物、物珍しさで飲むものという認識が強かった。それだけに《平岡珈琲店》では、サラリーマンの中でも外為銀行員や海外勤務の経験者、インテリ層が常連となっていた。そうしたハイカラ人士が集まった店では、「ベスタン会」なるカメラの同好会も開かれていたというから、まさにサロン的な空間として、高級感漂う店の雰囲気が想像される。ベスタン会は単玉レンズの写真のグループで、店内で展示や講評会を開いてギャラリー的にも使われていた。

ちなみに、その頃、カメラのフィルムは1本60銭というから、コーヒーが5、6杯飲める値段。さらにドイツの名機・ライカのカメラに至っては、およそ１０００円という高級品。当時なら家一軒が建つというから、それだけでひと財産だ。それゆえカメラは、よほどの資産を持つ者にしかいじれない高級なおもちゃだった。それでも、第一次世界大戦後の好景気もあって、趣味の写真は都市の中間層を中心に一気に大流行の兆しを見せ始める。昭和初期にかけては、「八百屋の小僧までが写真機を持って、休日に公園をぶらついている」ような状況にまでなったというから驚く。これを機に、本格的な〝アマチュア写真時代〟の到来となり、とりわけ関西では活動が盛んになった。船場のサラリーマンの憩いの場として親しまれている、現在の《平岡珈琲店》の日常。今や当たり前の風景も、創業当時に遡れば全く違ったものだった。一杯のコーヒーから垣間見る１００年という時間の流れは、今や想像することもできないほど長い。しかし、その頃から多くのお客に連綿と供されてきたコーヒーは、街の記憶をつなぎとめる味わい深い一杯だ。

　ところで、現役最古ということでいえば、《平岡珈琲店》からもほど近い、同じ船場に店を構える《ゼー六》にも触れなければならない。元々は初代・廣瀬徳一が菓子舗《ゼー六三十日堂》として始めたが、その創業はなんと１９１３年。《カフェー・キサラギ》の開店とほぼ同時期から１１０年、変わらず続く界隈随一の老舗だ。本町の高層ビル群のただ中で、そこだけが明らかに時代が違う。まさに古色蒼然。初めて店構えを見た時は、思わず「信じられない」とつぶやいてしまったほど。現在の店舗は１９２７年に、京都の茶室専門の大工の手で改装したものだが、それでも、戦災をくぐりぬけて残ったことは、もはや〝奇跡〟と言っても過言ではない。

　当初は、和菓子、せんべい等を製造・販売していたが、昭和初期にまだ珍しかった自家製アイスクリームが評判に。１９４０年代中頃から洋菓子も手掛けたが、現在は名物のアイスモナカ一本。いまや年中お客が絶えない名物は、和菓子屋だったからこそ生まれた、和洋折衷の逸品だ。塩と氷をかき混ぜて作っていた頃から変わらない素朴な味わいは、口で覚えた味をたよりに2代目、3代目と受け継いできたものだ。牛乳、砂糖、卵の素朴で清々しい甘み、混じりっ気なしのおいしさは、純白の清楚な姿に表れている。アイスをモナカに詰める

本町通にある《ゼー六》の店構え

《ゼー六》店内では、名物のアイス最中と
自家焙煎コーヒーが味わえる

のは、注文を聞いてから。持ち帰りは、風味を損なわないようドライアイスは使わず、新聞紙で。一見、無造作なようで、実は帰り道の時間に合わせて新聞紙の枚数を変えている、職人技を見るのも楽しみの一つだ。

ここで喫茶店を併設し、コーヒーも供するようになったのは、戦後に洋菓子を始めた頃から。「好みはあるけど、うちのは誰の口にも合う〝利口な味〟」というコーヒーは、驚くべきことに、製菓用のオーブンで〝手焙煎〟している。聞けば、「以前はシュークリームを作っていたから、理屈は一緒と思って。中までうまく火を通してふっくら焼くのは同じ」と、独自に考え出したそうで、鉄板に豆をのせ、上火・下火を見ながら調整。夏は苦味を強く、冬はコクと余韻が楽しめるように焙煎度も変えているというから、その職人気質には恐れ入るばかりだ。優しい口当たりとさらりと広がる苦味が、爽やかなアイスの甘みにするりと寄り添う。絶妙な取り合わせに、「喉の渇きにアイス、心の乾きにコーヒー。ゆとりを生む存在やね」と、今は亡き2代目の名言を思い出す。世紀を超えて愛される飾らぬ味わいの取り合わせは、大阪が誇るべき憩いの名作だ。

6 〝実質安価〟で支持を得た大衆喫茶の草分け

関東大震災を機に増え始めた、この頃の大阪の喫茶店では、コーヒー1杯の値段に対して、おおよそ3段階のランク分けが人々の間に浸透していたようだ。10銭を基準にして、15銭以上が高級喫茶と呼ばれ、《平岡珈琲店》もこの部類に入る。高級喫茶は空間や建築に趣向を凝らした店も多く、やがてスペイン風の《アルハンブラ》、北欧風の《アジア》、フランス調の《リド》といった、屋号もハイカラな店がミナミ界隈をにぎわせた。ホテルやレストランに近い雰囲気を持つ店も現れ、とりわけ《美松》は、店の規模としても群を抜いていたようだ。

郷土史家・高橋敬藏の回顧によると、《美松》は、元は東京・日比谷で1931年（昭和6年）に開業した美松百貨店が前身。2年ほどで閉店した跡を、あの大カフェー《赤玉》のオーナー・榎本正が買収し、《味のデパート 美松》として再開したという曰を持つ。1937年、心斎橋に出店した喫茶《美松》は、吹き抜けのモダンな1階フロアに純喫茶、2階に同伴専用フロア、3階にグリル・レストランを備えた堂々たる店構え。中2階で洋装の令女がレコードをかける、優雅な姿も売りものの一つだった。さらに、地階はサービス料を取り、客席の間に配した専用椅子でドレス姿の女性がサービス。〝味のデパート〟の屋号に違わぬ充実ぶりで、一時はブームを起こしたとの由。ちなみに《美松》では、女性向けに甘味のメニューを打ち出したことも新しかった。当時、東京で流行し始めたみつ豆を独自にアレンジし、甘党の店にしかなかったかき氷を社員の反対を押し切って入れたのは、初代社長の榎本正。豪華な設備と大衆感覚を結びつける〝赤玉商法〟はここでも発揮されていた。

さて一方、高級喫茶に対して、〝実質安価、量の店〟を標榜したのが大衆喫茶だ。5銭均一を謳う店もあり、気軽に寄れる場所として好評を博した。とはいえ、味はやはり値段なりで、お客はみな、砂糖を大量に入れていたそうだ。またジョッキでコーヒーを出す店もあったそうで、時間がない丁稚さんなどは、仕事の合間にちょっと寄って、コーヒーを飲み干してまた走り回る、といった光景も見られたという。昭和に入ると、勢いづくカフェーに対して、ミルクホールやコーヒーで勝負する店の住み分けが徐々に鮮明になっていく。こうした大衆喫茶の萌芽には、《カフェーパウリスタ》が、コーヒーを誰もが手軽に飲める値段で提供した影響が大きい。1杯5銭のコーヒーとドーナツで、老若男女が気兼ねなく入れる場を作りだした、このパウリスタ方式は、大衆喫茶に引き継がれて、安価でコーヒーを提供するチェーン

創業間もない頃の《玉一》

店として爆発的な普及をもたらした。神戸では1926年（大正15年）に創業した《ホワイト》が一大チェーンをなしたが、大阪で大衆喫茶の草分けにして代表格といえるのが、奇しくも《ホワイト》と同時期に創業した《玉一》だ。

店名の由来にもなった東区（現中央区）玉造一丁目で創業した《玉一》は、現在、福島区の《玉一総本店》のほか9店が残るのみだが、かつては大阪市内一円に支店を展開。戦前に80店舗以上に達し、出店範囲は堺にまで広がった。太平洋戦争で被害を受けたものの、それでも戦後、最盛期は環状線の各駅に店があったというから、大阪では最大規模の大衆喫茶と言っていいだろう。これら支店は「玉一会」と呼ばれる組合を形成し、暖簾分けで開業希望者を募り、土地を確保して出店。年に1回の総会を開くなど、互助組織として協力体制を作っていた。

3代目の東田敏幸さん、昌子さんによれば、創業者・東田善次氏は奈良の出身で、春日大社宮司の親戚筋にあたる資産家だったのではという話もあるが、出自は定かではない。創業時の1号店は食堂的な趣だったそうだが、すぐに人に任せて、自らは1932年に現在地の福島区に本店を移転。当初の店内は、フロアの真ん中にショーケースを置いて、菓子やパン

福島に移転後の《玉一》総本店

などを客自身が取っていく、大衆喫茶の典型的なスタイルだったという。当時の写真を見ると、木造の店舗、着物に割烹着姿の店員は、確かに食堂風でもある。当時は住み込みの従業員も多く、専用の寮を備えた時もあったという。

初代はコーヒーの焙煎も手掛けていたようで、玉一会の中から一軒が独立して、都島区に《マルシンコーヒー》として豆の焙煎・販売会社を立ち上げ、自家焙煎の拠点として60年ほど続いたという。また、後年はパンの《木村屋》、《ダイヤ》など、独自の業態や屋号を持つ店もあった。何より、《玉一》がユニークなのは、戦前からコーヒー部と共に、製麺部を持っていたことだ。うどんやそばを近隣の会社や工場、病院などにも納めるなど、食品卸を手掛けていたという点で、他の大衆喫茶とは一線を画していた。類まれな商才と親分肌の気質もあって、初代の通夜にはおよそ2000人が参列したという。

「祖父はとにかく何に付けても豪快な人。儲けた分は全部使ってました。お金の使い方が段違いで、土地をあちこちに買って店を広げて、手広く商売をした一方で、人助けも良くしてましたね」とは東田さん。福島に本拠を置いてからは、店の斜向かいに聖天《しょうてん》市場を開設し、商

花園町にある《ヤマト珈琲店》の跡地。
閉店後も店構えはそのまま残されている

都島区にあった《アジアコーヒ》最後の一軒。
簡素な設えに大衆喫茶の面影を伝えていた

店主用の住居として長屋も建設。特に市場の存在は、後に福島聖天通商店街へと発展するきっかけになったというから、商売人であり、篤志家《とくしか》的な一面も併せ持っていたようだ。玉一会の慰安旅行の写真を見ると、ボーラーハットにマント、ステッキの装いで写真に納まる姿からは、ハイカラなモダンボーイだったことがうかがえる。「メニューや食器、内装も、いろんな店を見回って考えるこだわりを持っていた」という昌子さんによると、後年のメニューにはかき氷やフルーツポンチなど果物を使った一品が多く、中でもフルーツサンドは生クリームでなくマヨネーズを使った独特の味付けで、サラダっぽい味が好評だったそうだ。

　大阪では、この《玉一》に加えて、《ヤマト珈琲店》、《アジアコーヒ》が、大衆喫茶の三大チェーンとする記述を散見する。ただ、《ヤマト珈琲店》は、近年まで花園町に一軒だけ残っていた店舗が閉じてしまい、残念ながらその足跡は明らかではない。また《アジアコーヒ》は、第二次大戦後に広がったようで、最盛期には大阪・神戸で約40軒を展開していたと言われる。筆者は幸運にも、最後まで残っていた都島区の《アジアコーヒ》を何度か訪ねたことがある。木造の簡素な造りで、調理のカウンターにはコーヒー・アーン、かつて菓子やパンを並べたであろうガラスケースも置かれていた。また壁のベンチソファの間に固定式の小さなテーブルが並び、大衆喫茶の典型的な店構えを残していたが、残念ながらこちらも２０１３年に廃業している。

1941年頃の西区の写真。左端の「コーヒ」と大書した看板に《大衆喫茶 日本一総本店》の記載が見える（『昭和の大阪』アーカイブス出版、2007年）

戦前には規模の大小はありながら大衆喫茶が続々と増えていった。三大チェーンほどの規模ではないが、当時知られていたのが、その名も《日本一《にっぽんいち》喫茶》。「初代が日本橋で創業したのが、１９３２年と聞いています」とは、３代目の奥山恵さん。４代目と共に切り盛りする西区九条の店は、現在、《日本一喫茶》として唯一残る貴重な一軒だ。奥山さんによれば、創業者・奥山與三郎氏は、大阪の和菓子屋に奉公に入り、カフェー全盛時代に大衆喫茶を開業。おそらく屋号の由来は、大阪で日本橋一丁目を略して〝日本一〟

と呼ぶところから来ているようだ。

九条の店舗は住まいも兼ねていたことから残ったそうだが、かつてここはミナミにも比肩する歓楽街として栄えた歴史を持つ。この界隈は川口居留地のすぐ隣にあり、店の北側に広がる松島新地は、１８６９年（明治２年）に最初の外国人向け遊郭として開かれ、明治から大正にかけて大阪５大新地の一つに数えられた。１９０３年には、完成なった大阪築港まで大阪初の市電の路線が開業。「前の道は、みんな電車道と呼んでました」という通り、この店の目の前が、まさに市電の起点・花園橋駅があった場所で、今も市電発祥の碑が残されている。

飛田本通商店街の《木村家》

そうした立地もあって、周辺には芝居小屋、寄席小屋、映画館が立ち並び、〝西の心斎橋〟と呼ばれるほどの賑わいを見せた。花街・松島の活況もあって周りに喫茶店は多く、《日本一喫茶》でもかつてはコーヒー・アーン2台を使ってコーヒーを提供するほどだったという。今はアーンは使ってないが、コーヒーは変わらずネルドリップで抽出。夏になると、スイカ氷がよく売れていたという。最盛期は24時間営業の時もあり、女性従業員も住み込みで働いていたそうだ。

一方、大正時代に新たにできた飛田新地のほど近く、飛田本通商店街には１９３７年創業の《木村家》が今も健在。店舗数は定かではないが、親族で数軒の店を出していたという。地元客に寄れば、元々は洋食店が始まりで、他にパン屋なども展開していたそうで、こちらも24時間営業の時代があった由。ただ界隈では大衆喫茶というよりは、本店の隣にあったたこ焼き屋が評判だったようだ。

7　コーヒー業界の草創期を牽引した焙煎卸業者

食生活の洋風化、カフェーの隆盛、大衆喫茶の普及が急速に進んだこの時期、コーヒーは憩いの場に欠かせない嗜好飲料として一気に浸透していった。街なかに様々なタイプの店が増えたことが、富裕層から庶民に至るまで、コーヒーに触れる機会が遍く広がった要因だろう。それは、この頃のコーヒー輸入量の変化を見れば瞭然だ。１９１３年（大正2年）に初めて１００ｔの大台に乗って以降、１９２６年には、早くも10倍の１０００ｔに到達。伸び足はさらに加速し、１９３７年には８５００トン余りと戦前のピークを記録した。実に24年で80倍。原料の輸入が増え、コーヒーを提供する店が増えると共に、必然的に専門の焙煎卸業者も増えていった。当時、コーヒーを家庭で飲むことはほとんどなく、あくまで外で飲むものであり、焙煎卸の出荷するコーヒーの9割以上を業務用向けが占めていたことから、焙煎卸業の進展は、カフェーや喫茶店の成長と共にあったと言える。

喫茶店としてコーヒーの普及に貢献した《カフェーパウリスタ》は、焙煎卸業においても大きな存在感を発揮する。《パウリスタ》では、当初から焙煎したコーヒーの店頭販売も手掛け、関東大震災の後は焙煎卸売り専業となった。洋食料品問屋や茶の卸売業者が兼業でコーヒーを扱うのがほとんどだったなかで、コーヒーを専門とした《パウリスタ》は、焙煎卸業者のルーツの一つでもあると言える。ここでは、『日本コーヒー史』に収録された、当時を知る業界の先達の座談会を元に、大阪の焙煎卸業草創期をたどっていきたい。

《パウリスタ》は、多くのコーヒー業界の担い手を輩出したが、その中の一人が、大阪で現役最古参、創業から１００年を超える焙煎卸会社《ダイヤモンド商会》の創業者・大石七之助氏だ。関東大震災の影響で焙煎卸売専業となった《パウリスタ》は、東京本社だけを残して各地にあった喫茶店（支店）を整理。各営業所を地元の関係者に譲渡することになり、当時の総支配人格の幹部だった大石氏が、大阪の支店と工場を引き受けたのが、《ダイヤモンド商会》の原点だ。《パウリスタ》では、当初からアメリカから技師を招き、バーンズ社製焙煎機を設置するなど、当時最新の設備を整えていたという。

大石氏は、その頃の大阪のコーヒー事情をこう語っている。「他にも輸入していた人はあっ

創業当時と変わらぬ場所に建つ
《ダイヤモンド商会》の焙煎工場

「コーヒ100%」を意匠化した
《ダイヤモンド商会》のロゴマーク

て、進藤珈琲店などもその1人であったと思いますが、ただのコーヒーにはかないませんから、量は微々たるものでした。その《パウリスタ》が姿を消して、にわかにコーヒー市場が活発に動き出し、食品業界の先覚者達が進んでコーヒーを扱うようになった、というのが大阪におけるコーヒーの淵源です」（『日本コーヒー史・上』全日本コーヒー商工組合連合会、1980年）。

その中で、《ダイヤモンド商会》では、氷水で割ってアイスコーヒーを作れるコーヒーシロップをいち早く開発し、ダイヤモンド珈琲として発売。簡易に作れるコーヒーシロップは、大阪のコーヒー普及に大きく貢献したそうだ。焙煎卸業者のパイオニアとして草創期の業界を牽引した大石氏だが、まだこれからという時に45歳という若さで急逝。当時、発行されていた業界誌『珈琲研究』の追悼の記事によれば、大石氏は同誌の大阪支社の事務所提供などの援助もしていたとのこと。その人柄を、「数字に対して、優れた緻密な頭脳」を持ち、「磊落《らいらく》な、竹を割ったやうな、微塵《みじん》もこせつかない、潤《ひろ》い心の人」（『珈琲研究』１９３７年6月号、珈琲研究社、１９３７年）だったと偲んでいる。

大石氏が振り返るように、その頃はまだコーヒー専業で扱う店は少なく、ハイカラな食料品店がわずかに扱っているにすぎない状況だった。それゆえ、輸入食料品店もコーヒー焙煎卸業者として存在感を放っていた。とりわけ、《杉野屋商店》と《進藤商店》は、当時、有力な洋酒洋食料品専門店として知られていた。《杉野屋商店》創業者の杉野欽次郎氏は、小学校時代に佐賀県から大阪の養家に入り、日清戦争で満州を経て台湾で4年、実地の商売を経験。引き揚げ後に養父の遺産を元に、高麗橋で《杉野屋商店》を開業した。西洋食料品については全くの素人から立ち上げ、１９０４年（明治37年）、「未来の食料品王生る」と破天荒な開業広告を新聞に打ち出して話題を呼んだ。杉野氏の回想によれば、「當時《とうじ》大阪では松下祭原の両有力商店はありましたが、洋酒洋食料品の専門店としては、堂島の進藤商店が最も幅を利かして居りましたので、開業当時の仕入れは専ら同店に仰ぎ、其の以後数年間も多く同店の指導を受け」た（『私の生立と回顧三十年』杉野屋商店、１９３７年）とされる。《進藤商店》については具体的な記録にたどり着けなかったが、先記した《平岡珈琲店》が創業当初、生豆を仕入れていたということから、当時としては随一の存在だったとうかがえる。

《杉野屋商店》には、後に大阪珈琲懇談会に参加する《森屋商店》の森清太郎氏が、１９１４

年から入店。初めてコーヒーを知ったという、修業時代を過ごした《杉野屋商店》の様子をこう語っている。「扱う品のほとんどが舶来品ばかりという、その頃は大阪に何軒もないような斬新で高級な、俗にいうハイカラな店で、コーヒーはその扱い商品の一つでしたが、但し当時は売れる量はしれたものでした。」（『日本コーヒー史・上』同前）。また、当時の業者の焙煎の事情にも触れ、小さな穴をいっぱい開けた直径4～50㎝の鉄板製の缶を使い、薪《まき》を燃やしながら把手《とって》を回して豆を攪拌《かくはん》。煎りあげたコーヒー豆を戸板に拡げ、棒で掻き回しながら渋うちわで煽いで冷ますといった、原始的な方法がほとんどだったという。当初、《杉野屋商店》も同様の方法を採っていたが、杉野の回顧録の年表には、「大正六年九月　電力を使用して珈琲焙煎作業を始む」、さらに「昭和二年十一月　米國バーンス會社製二馬力珈琲焙煎機及び同社製二馬力珈琲ミルを据附く」（『私の生立と回顧三十年』同前）とあり、コーヒーの焙煎・加工において、同時代を先駆けていたことがわかる。

　さらに、貿易業からコーヒー焙煎卸業へと参入したのが、１９２４年に創業した《ハマヤ》だ。創業者・高桑六三氏は、東京の呉服業の家に生まれ、父の兄弟は医者やハワイで貿易会社を起業するなど先進的な環境があった。伯父が営むハワイの貿易会社が大阪に支社を設立したのを機に、１９０４年に一家で転居。名古屋商業学校を経て、１９２１年頃に、父が経営する高桑商会の実質上の責任者となる。

高桑氏は、貿易会社からコーヒー専門に転身した経緯を、こう語っている。「そのころコーヒーを扱う店といえば東京で5、6件、大阪で2、3軒もあったろうか。大阪では食料品店が扱っていた程度で、高桑商会は貿易商だからコーヒー豆を輸入するくらいはお手の物だった。しかし、輸入契約をしても値下がりすると必ずクレームがついて、高くなるとつかない。安い口銭で売っていてクレームを付けられるのでは損をするからたまらんと思った。相手方の商売の方法を調べたら相当儲けている。当時、大阪には焙煎専門業者はほかに1件くらいしかなかったし、生豆を焙煎して売れば相当利幅があることが分かったので焙煎業を始めたのが真相だね」（『喜寿　ハマヤ株式会社創業50周年記念』オールジャーナルアンドプリンティング、1974年）。高桑商会と並行して始まった《ハマヤ》は、1928年（昭和3年）にミスジ印コーヒーを製造・販売。1945年まで2社は両立していた。

1970年に完成した《ハマヤ》本社ビル

一方、当初からコーヒー専門とした焙煎卸業者では、《ジャイアント商会》が1926年に創業している。大阪で《ダイヤモンド商会》と双璧を成す老舗である《ジャイアント商会》は、谷町九丁目に大型焙煎機を備えた工場と本社を構え、京都や堺にも支店を展開。卸だけでなく、後にはフランチャイズで《ジャイアントコーヒーハウス》として喫茶店も手掛け、京都や神戸、奈良、鳥取など10以上の支店を広げた。ただ、関西では名の通った焙煎卸業者の一つにも関わらず、《ジャイアント商会》は、２０１１年（平成23年）に、何の前触れもなく解散。登記によると、創業者は赤塚準之輔氏。3代目まで続いた後に会社は清算されている。本書の取材中も「大阪でコーヒーといえばジャイアントの名が挙がる」「大阪では問屋として規模が大きく、ここで修業して独立した人も多い」「ジャイアントさんの豆から勉強させてもらった」といった声をたびたび聞いたが、かつての業容や沿革を知る人にはついぞ行き当らなかった。唯一、かつての《ジャイアントコーヒーハウス》野田阪神店だけが、現在も同じ屋号で営業を続けているのみだ。

さらに少し遅れて、１９２８年に、大阪の鰻谷で《コーヒー卸売専業ギンカ商店》が創業。こちらは元々、株屋だった初代・石井竹三郎氏がコーヒーの将来性を見込んで転身したのが始まりだ。コーヒーの技術は、東京・四谷で１９２７年に創業したコーヒー卸業者《チモト商店》（現《チモトコーヒー》）創業者の弟が来阪して指導したという。当初から「高級コーヒー」を打ち出し、喫茶店だけでなくレストランやホテルなどに販路を拡大。卸先には、１９１０年創業の大阪平野町の《ビフテキのスエヒロ》、戦後に関西財界の若手経営者が組織した堂島の《クラブ関西》といった名が挙がる。

　ことほど左様に、多士済々のコーヒー焙煎卸業者が増える中で大石氏は、いち早く同業者で協力する体制を整えるべく、１９３０年頃、大阪珈琲懇談会を結成。ただ、10社ほどで始まった懇談会は、大阪洋酒洋食料品同業組合の下部組織的な位置付けだった。その後、１９３２年の商業組合法の成立によって、事業者の協同組合が可能になり、１９３４年、大阪珈琲懇談会は法人化し、他都市に先駆けて大阪珈琲焙煎協会を設立。初代会長は大石氏が務め、業界の組織強化を進めた。

　当時の業界は関東より関西が業者の数も取引量も多く、大阪がコーヒー業界を牽引したと言われる。《パウリスタ》なき後のブラジルコーヒー普及の拠点が、大阪に設立されたのもその証左の一つだ。１９２９年、神戸の貿易商・星隆造氏が、ブラジル・サンパウロ州政府珈琲局と輸入契約を結び、日本宣伝本部として、ニッポン・ブラジリアン・トレィディング・コンパニィを設立。《パウリスタ》と同じく、宣伝用直営店として、１９３０年、御堂筋・梅田新道の角に《ブラジレイロ》を開店し、全国20数か所に展開。日本初の本格的なコーヒー文芸雑誌『ブラジレイロ』も発行するなど、多岐にわたる宣伝活動を手掛けた。

　ところで、ニッポン・ブラジリアン・トレィディング・コンパニィは、コーヒーのみならず、コーヒー機器においても大きな貢献をもたらしている。実は、創業時に機械部として設

《ブラジレイロ》のメニュー

立した富士商会は、現在、国産焙煎機の代名詞として知られる「FUJI ROYAL」ブランドのルーツだ。《ブラジレイロ》は戦争の影響で生豆の供給が難しくなり、1941年に自然消滅するが、富士商会については、当時、機械部に所属した寺本豊彦氏が戦後に再興し、新たに「富士珈琲機械製作所」を設立。紆余曲折を経て、焙煎機メーカーとして現在まで受け継がれることになる。

ちなみに、道頓堀の《パウリスタ》は、実はコーヒーの販売に苦戦していたそうで、苦肉の策として増やした洋食メニューが本国の不興を買ったのも、閉店の一因だったともいわれる。大石氏の回想によれば、「当時の大衆は、洋食などと言ってもカレーライスぐらいしか知らないので、専ら売れたのはカレーライスです。そのライスカレーばかり売れて、コーヒーはなかなか飲んでくれない。知恵を絞った末、ライスカレーにコーヒーをただでつけることをはじめたんです。その後、ライスカレーにはよくコーヒーを付けて出す店ができたでしょう。あれのはじまりですわ」。(『日本コーヒー史・上』同前)。その後はダンスホールに変わったことを考えれば、《ブラジレイロ》は仕切り直しの思いも強かっただろう。

逆に、この頃、コーヒーの普及ぶりを示したのが百貨店だ。昭和に入る頃には、阪急デパート（現・阪急百貨店）の食堂で、1杯5銭の珈琲が人気を博し、カウンターにアーンをずらりとならべたコーヒーの売り場は、連日盛況を見せた。このコーヒーは《ダイヤモンド商会》が卸していたようで、大石氏も、「100lb（ポンド＝45キロ）どころじゃない。日曜や祭日には宝塚の分も含めると200lb出ていました。恐らくあの頃のコーヒー売り場としては日本一だったでしょう」（『日本コーヒー史・上』同前）と、感嘆している。〝安くて旨いものを売って信用を買う〟をモットーとした、阪急の創業者・小林一三の手腕は、実は珈琲の普及にも大いに発揮されていたというわけだ。

8　カフェーの衰退と純喫茶の台頭

世界恐慌による不況のあおりを受け、昭和も4〜5年を過ぎると、徐々にカフェーの勢いに陰りが見えはじめる。カフェー《丸玉》を経営した木下彌三郎氏の回顧によると、「カフェー業界は斜陽をかこっていて、東京では名門のタイガー、サロン春、交洵社、大阪では美人座、ユニオン、日輪など大手の廃業が続出するという状態」であったという（『奔馬の一生』出帆社、1976年)。

また、この頃のカフェーでは店内での女給の濃密な接触サービス、客が同伴して外出するなど過剰なサービスが社会問題となり、警察の取締の対象ともなっていた。こうした風紀の問題に触れて、1929年(昭和4年)、自らもカフェーを愛用した哲学者の九鬼周造は、伝統的な茶屋や待合と比較して、時間、費用面において経済的で、高い知識を備えた女給を置くカフェーの優越性を説きつつ、「茶屋、待合に対するよりも多くの圧迫をカフエーに加えることは民衆性と近代性とを無視する点において明らかに大なる時代錯誤である」と、エッセイにカフェー擁護の持論を展開している。

それでも、1927年、道頓堀だけで10か所以上あり、大阪を風靡《ふうび》したダンスホールに対して、先んじて厳しい取締規制が発出。大阪のダンスの灯は、府の境界を越えた尼崎から西宮に移っていった。続いて、1929年、大阪商工会議所では、府知事・警察部長に対して、カフェーの商工業地区における濫設防止、営業時間の制限と女給の風紀取締、16度以上の酒類の販売禁止の3か条の建議書を提出。これを機に大阪府警は、カフェーにも地域的制限、構造設備の制限、定価表示などを定めた「料理屋飲食店営業取締規則」を制定した。1933年には東京でも「特殊飲食店営業取締規則」が制定されるなど、カフェーへの風当たりはますます強くなっていった。

度重なる統制が機能したことで、芸術家の溜り場として端を発したカフェーは、ここに至って急速な大衆化を経て、特殊飲食店に位置づけられるようになる。村嶋歸之は、細分化するカフエーの様式が複雑さを増したこの頃、巷間、カフエーと呼ばれていた業態を、以下のように列記している。

「一、「純粋カフエー」―コーヒー販売を主たる営業とするもの／二、「ベーカリー」―菓子販売を主体とするもの／三、「ソーダ・ファウンテン」―清涼飲料販売を主体とするもの／四、「レストラント」―西洋料理を主とするもの／五、「バー」―酒場／六、「キャバレー」―飲食物の供給の外に余興を提供するもの」（『カフェー考現学』柏書房、2004年）。

　1930年代も後半になると一転。特殊飲食店に代わって台頭してきたのが、飲食を主とした喫茶店。いわゆる純喫茶が主流になっていく。この時期、後年、大阪を代表する喫茶店として親しまれる、《丸福珈琲店》と《MJB珈琲》、2つの店が歩みを始めている。現在、千日前に本店を構える《丸福珈琲店》は、近年、各地に支店を広げ、飲料やスイーツなどのブランド商品によって、全国に知られる存在となっている。創業者の伊吹貞雄氏は、1908年（明治41年）に鳥取の米問屋に生まれ、大阪・船場の電気店での奉公を経て、料理の道へ転身。1929年、東京の西洋料理店での修業を経て、1931年頃、武蔵小山にカフェー《ギンレイ》を開店。棚には洋酒がズラッと並ぶ、瀟洒なカフェーこそ、《丸福珈琲

伊吹貞雄氏が東京で開いた
洋食レストラン《ギンレイ》

店》の本当のルーツだ。その頃、銀座でコーヒーと出会い、自店でも提供したいと考えた貞雄氏。生来の職人気質で、独自に研究を重ね手回しの焙煎機も自作し、さらに抽出器具も開発。金属製の筒の底面に、無数の微細な穴を開けた独自のドリッパーは、現在も《丸福珈琲店》の味作りに欠かせぬ存在だ。まさにオリジナルのコーヒーの評判を得て、大阪に戻った貞雄氏は、1934年、当時最先端の盛り場・新世界、飛田新地のほど近く、今池町にコーヒー専門店《丸福商店》として開業した。

1912年に通天閣とルナパークが完成した新世界は、この頃はすっかり大衆向け遊興街へと変貌していた。「今の新世界一帯ほど、不規則極まる享樂街もないであらう。その發展には、少しの理想も計畫もない。…畫のうちはまだしも、夜になると、表通りの明るい照明に引きかへ、一寸横町へ入ったが最後、鼻をつままれても分からぬやうな暗黒が口を開けている」(『近代大阪』創元社、1932年)ような状態だった。ただ、まだ幼かった貞雄氏の娘・英子さんにとっては新世界は格好の遊び場で、忙しい両親が小銭を持たせてくれ、妹を連れてよく出かけていたという。中でも、彼女は「ラヂューム温泉」が印象的だったようで、「中に

《丸福珈琲店》の創業時の店舗。現在は《コーヒーショップ伊吹》として営業

《丸福珈琲店》創業者が開発したオリジナルのドリッパー

小さな劇場があって浄瑠璃をしてたり、今でいう健康ランド。もう、ものすごく広い円形の温泉で、子供にしたらまるで遊ぶためのお風呂だった」。新世界の各興業館は、昭和大恐慌を転機に民間に売却され、遊戯場や旅館、料理店が次々に建ち、とりわけカフェーが目に見えて急増した。

　新世界と飛田新地の間に立地した店は、朝から晩まで来客がひきも切らなかった。早朝には、近くにある木津公設市場から仕事を終えた仲買人が、半ば店を開けさせるようにして顔を出し始める。昼には界隈の勤め人や、新世界から流れてくる客がやって来たかと思えば、夕方ともなれば入れ替わるように遊廓が賑わい出し、夜の更けるまで人の流れがたえなかった。この今池の店は、現在も親族の手により《コーヒーショップ伊吹》として、ほとんど姿を変えずに営業を続けている。実際に店を訪ねてみると、予想外に狭い、というよりむしろ細い。間口を入ると店内は右奥に向って鋭く尖っていき、左右の壁に据付のテーブルとスツールが交互に並ぶ。10人座れば足のやり場もない店に、お客がひしめき合う情景など、いまや想像できない。

当初のメニューは、コーヒー、紅茶、ココア、ソーダ水といったシンプルなものだったが、最初は貞雄氏も不安があったらしく、料理の心得もあったため、しばらくは飲食店という業態をとった。これが、出す食べ物は何でも売れたが、最大の当たりだったのは鍋焼うどん。とにかくすごい勢いで売れに売れ、営業中はうどん、うどん、うどんと、晩年まで貞雄氏の語り草になったというから、生半可な売れ行きではなかっただろう。だが、どこまで儲かっても、常にコーヒーのことだけは、頭の中から離れることはなかった。「将来的に生きてくる金はどれだけ使ってもいい、っていつでも言ってました。竹を割ったようなというか、一貫してたんですよ。あれが明治の人というのか、今から見ると希少価値でしたね」と貞雄氏を評する英子さん。根っからの商売人であり、一本筋の通った実直さもあって、開店から4年後に発足した大阪珈琲焙煎協会では常務理事も務めるなど、早くも同業からの信望を得ていたようだ。貞雄氏にとって、店の主役はコーヒーとの思いは強く、どれほど疲れていても家ではコーヒーの研究は欠かさなかったという。銀座で飲んだコーヒーの感激から数年、本腰を入れてコーヒー店としての道を歩き始めた。この場所こそ、正しく「大阪の丸福」の生地であり、今に至る出発点となった。

一方の《ＭＪＢ珈琲》創業者・秋山悟堂氏は、１９１４年（大正3年）に愛媛県から大阪の商業学校に入学。20歳まで銀行に勤務したものの単調な仕事に飽き、退職後、京都の大学へ。元々コーヒー好きで銀行時代、京都の学生時代も方々のカフェーに出向いているうちに、自らもカフェーの経営を考えるようになったという。１９３０年、27歳の時に、当時住んでいた港区市岡での開業をもくろみ、手始めに、宣伝用の装飾・図案文字など商業美術全般を請け負う《ミナト画房》を設立した。市岡は当時、新たに開けゆく新興地帯の一つであり、１９２５年には新田を所有していた市岡土地株式会社の経営によるアミューズメントパーク・市岡パラダイスが開業。天王寺のルナパークに範を取った娯楽施設の一つで、その代表格が千日前・楽天地と市岡パラダイスだった。園内には活動写真の劇場、飛行塔、屋内スケートリンクなどがあり、新世界の噴泉浴場に対抗して千人風呂と称する大浴場も設置。海に近い立地から、郊外型遊園地の先駆けの一つともいわれる。

　秋山氏は《ミナト画房》の伝手《つて》を頼って、翌年には市岡元町三丁目のカフェーを譲り受けた。ただ、折からカフェーの取締規制が厳しくなり、小規模なカフェーが次第に廃れ始めた時期で、秋山氏も開店1年で根を上げてしまう。世の趨勢は喫茶店へと移りつつあることを感じた秋山氏は、一夜のうちに前面総ガラス張りの簡易喫茶《藤屋》に改装。コーヒー、紅茶、ミルク、ソーダ水、ゆで卵、ケーキ、果物などオール5銭と、いわば大衆喫茶的な業態へと方向性をガラリと変えた。果たして、この転換は奏功し、改装から3年で店を拡張。入口にはレコード係を置き、フルーツパーラー様式にリニューアルした。この店の成功を受けて、界隈には20軒以上の喫茶店が開業。市岡純喫茶組合を設立し、商社に交渉し組合を通じて珈琲豆の共同購入も実現した。当時の喫茶店の多くは、レコード音楽に力を入れていたが、レコード会社からも、喫茶組合へ見本盤を毎月20～30枚貸し出していたそうだ。

　秋山氏の回想によれば、この当時は、住宅地域にはカフェーは許可されなかったが、「酒類を販売せず、かつサービス行為をしないこと」を条件とする純喫茶店は、住宅地域でも夜11時までの営業が許されていた。このことと、カフェー退潮の社会情勢とがあいまって、「純喫茶が雨後の筍の如く誕生し出した。（略）どこへ行っても、町内に純喫茶店が１、２軒は必ずある、という状態。カフェーに代わって今度は純喫茶店がブームになった」（『喫茶店を経営して40年』明日香出版社、１９７６年）。

《藤屋》は、その後さらに、スパニッシュ・スタイル、洋楽を主としたサロンスタイルの高級茶房へと進化。１９３７年頃に《フランス茶房》、１９４０年に《ハワイアン茶房》と、多店舗経営にも乗り出し、ノーチップシステム、レコード片面ごとに女店員の座席をずらす回転式フリーサービスなどの独自の工夫を打ち出した。その評判は、堀江、新町、九条など夜の街にまで聞こえるほどだったという。秋山氏の優れた経営感覚は、銀行生活で養われたところが大きい。記帳計算、帳簿の照合から言葉遣い、礼儀作法に至るまで、自らも「以後の自分に事実、相当役立った」と記している。この時期の試行錯誤が、戦後の《MJB珈琲》の店作りにも大いに生かされることとなる。

こうした喫茶店の増加により、戦前の日本のコーヒー輸入がピークを示した1938年、大阪珈琲焙煎協会は正式に商業組合設立の認可を取得。日支事変が起こり不穏な世情になるなかで、コーヒー業界でも一致団結が焦眉の課題になっていた。設立時のメンバーは以下の通り。

理事長 横山商店／常務理事 丸福珈琲店／会計 杉野屋商店／理事 丸屋商店、ダイヤモンド商会、ギンカ商店、進藤商店／監事 ジャイアント商会、森屋商店

10名ほどで始まった大阪珈琲焙煎協会は、この時点では会員数54名を数え、7～8年の間に5倍以上の伸びを見せた。また、珈琲会館文化部編『日本珈琲史』（1958年）によると、各組合の地域における1936～38年の年平均コーヒー焙煎卸売数は、5地区の総計販売比率で大阪府が40％超、関西だけで見ても大阪が41％、神戸18％、京都3％と突出している。戦前のコーヒー市場は関西、とりわけ大阪が中心であったということが示されている。

それゆえに、喫茶店、焙煎卸業者も多く、大阪のコーヒー業界は群雄割拠の状況になったが、それでも、《ハマヤ》の高桑氏は当時を振り返って、こう感慨を漏らしている。「一般的にアウトサイダーが多いともいわれるが、大阪の業者は割とまとまりがあって、昭和13年に

は早くも大阪府珈琲焙煎組合が誕生した。私も理事として参加したけども、戦後まもなく再スタートして、昭和21年、僕が理事長になり、27年まで務めた。その翌年に全日本珈琲共同組合連合会が発足し、日本珈琲商工組合に発展して現在に至っている。本当に今昔の感だが、焙煎組合が発足した頃は、前にも言ったように、洋食品業者たちが中心になっていろいろ骨を折ったもんだ。だから大阪の組合の基礎はこれを母体にしているので、愛着もひとしおある」(『喜寿 ハマヤ株式会社創業50周年記念』オールジャーナルアンドプリンティング、１９７４年)。

昭和の初めから、都市・大阪だけでなくコーヒー業界にとっても、まさに〝大大阪時代〟を謳歌したが、昭和も10年代に入ると、不穏な空気が着実に忍び寄ってきていた。１９３７年、御堂筋完成を待っていたかのように盧溝橋《ろこうきょう》事件が勃発。同年に日中戦争が勃発し、コーヒー豆の輸入制限が始まった。翌年には国家総動員法の公布で本格的な戦時体制に突入していく。飲食店関係でいえば、１９３９年に飲食店の深夜営業が禁止され、翌年には砂糖など生活必需品は配給制となり、統制経済で外食の価格も制限されるようになる。戦時体制が強まる中、すべての商品が配給制度となり、１９４１年に農林省(当時)は「代用珈琲統制要綱」を告示。コーヒーに、大豆、カボチャの種などを炒って混ぜ合わせた代用コーヒーの使用を余儀なくされる。さらに、戦時中は敵性語の排除が厳しくなり、名を変えて営業する店もあったが、１９４３年のコーヒー輸入途絶が、喫茶店の閉店、廃業に拍車をかけた。

いつ終わるとも分からない非常事態に、《丸福珈琲店》の伊吹貞雄氏などは、とにかくお金があるうちに生豆から砂糖・バターなど物資を買いこみ、2階建ての家がまるで倉庫のようになったという。娯楽など何もない戦時中だからこそ、コーヒーを飲みたいという常連客も多く、店内に暗幕をはって中から門をかけて営業し続けたという。鍵をかけた扉をコツコツとノックする音に耳をそばだて、「丸福さん、某です…」という声を聞くと外に灯を漏らさずに客を招じ入れ、そっとコーヒーを飲ませる。その香りと砂糖の甘味を味わうひとときの有難さとは、如何ばかりだったか。当然、見つかれば非国民の謗りは免れない。それでも訪れる何人かのために、彼はご法度の秘密営業を敢行した。もはや彼の人柄というよりは、意地のようなものさえ感じる。

また。《藤屋》の経営を広げていた秋山氏は、1941年、太平洋戦争勃発と共に、大阪府南部の郊外の初芝に住宅を購入。空襲の及ばなかったこの家が残ったことで、終戦直後に店を再開する元手となった。戦況は日に日に悪化していき、本土への空襲も時間の問題となってきた1944年、いよいよ疎開者も増え始めた。戦争末期には日本の大都市は次々と空襲に遭い、大阪では8次の大空襲を含めて、空襲は50回を数えた。残ったのは、大阪駅から難波の高島屋が見えるほど何にもない、一面の瓦礫と化したかつての大大阪だった。小山仁示『大阪大空襲―大阪が壊滅した日』（東方出版、2018年）によれば、1944年12月の人口が２４４万人だったのが、終戦後には１１１万人に激減。わずか半年の間に１３０万人余りの市民が大阪市から姿を消した。戦前のピークを示した１９４０年の３２５万人と比べると、約３分の１にまで激減した。

第二章

戦後の復興を告げた
コーヒーの香り

1945-1960

1　戦後いち早く現れた繁華街の拠り所

焼け野原の大阪の街は、まさに絶望的な光景だったことだろう。１９４５年（昭和20年）8月15日、終戦を迎えた大阪ではまもなく、各所に闇市が立ち始める。大阪の闇市は、敗戦直後から復員兵を目当てに、大阪駅前などで蒸しパンやさつまいも類を売る人の群れとして誕生したという。たちまちのうちに、大阪駅前、鶴橋、阿倍野、天六など、ターミナルの焼跡、空き地が闇市のメッカになった。終戦直後にも関わらず、露店には食料から衣料、砂糖、ミルク、バターまで、様々な物資があふれかえった。輸入制限が続いていたコーヒーも、まだ闇市でしか入手できなかったが、コーヒー豆は戦時中、各地に軍用の滞留コーヒー豆が留め置かれていたといわれている。終戦直後から、進駐軍などから横流しされた缶詰コーヒー、通称・ポン缶や、軍払い下げのコーヒーが市場に出回り始めた。

　コーヒーを渇望していた焙煎業者は全国を駆け回り、貴重な原料を獲得する動きが激しくなった。この頃、群馬県で「家畜が食べられない豆が蔵から大量に出てくる」との新聞記事が出て、それがコーヒーだと察知した焙煎業者が殺到したという出来事も報じられた。これにいち早く反応したのが、戦後、神戸から大阪に移ってきた《上島珈琲貿易》だった。《上島珈琲貿易》は、１９３２年、初代の上島勝氏が神戸で創業。同時期には、兄の上島治忠氏が１９２５年（大正14年）に上島商店（後の《Uコーヒー》）を、弟の上島忠雄氏が１９３３年に上島珈琲（現・《UCC上島珈琲》）を創業。3兄弟それぞれがコーヒー・食品卸を手掛けていた。群馬で発見された豆を、関西で他に先駆けて入手に動いたのが、この上島兄弟だったという。

2代目社長の上島健男さんによれば、「この生豆はどこから来たかというと、戦時中、ドイツが潜水艦を使って日本に持ち込んだもの。ドイツ人にとってコーヒーは必需品だったから、軍用に調達していた最高クラスの豆が、群馬の農協に持ち込まれた。防空壕の奥に保管されていたおかげで劣化することなく戦後に残っていて、当時は一斗缶に現金を詰めて、汽車で何往復もして買い付けにいったと聞きました。代用コーヒーしかない時代、本物のコーヒーは旨いと評判を取って。将校用の高級豆だったからなおさらです。新聞沙汰にもなりましたが、この時に、コーヒーは生豆を加工したもの、ということを、一般の人が広く知るきっかけになったかもしれません」。《上島珈琲貿易》は、大阪に移って間もないゆえ、卸先はゼロから開拓。整った流通ルートなどなく、当初は喫茶店から個別に直接注文を受けて届けていた。豆の配達は専ら自転車。重量物を運べる荷台を付けた重荷《じゅうか》自転車に改造し、60キロの麻袋も運んでいたという。

そんな中で、戦後いち早く復興したキタとミナミの繁華街では、コーヒーの輸入が再開される1950年を待つことなく、そこここに喫茶店が開店し始める。戦時中に疎開させていた物資の到着を待って再開した《丸福珈琲店》もその一つだ。巷では大豆を使ったコーヒー（通称トーヒー）などで代用していたなか、ここには生豆が大量にあったのだから、お客の押し寄せる勢いも凄まじい。店の前には長蛇の列ができ、近所の警察が人員整理にあたったほどだという。創業者である伊吹貞雄氏の娘・英子さんの回想は、当時、〝本物のコーヒー〟がいかに貴重なものだったかを伝えている。

「その時、私がお客さんの列の最後尾で、札を持って立っていたんですね、〝ここで終わり〟と。切りがないでしょ。けど父が、〝いつまでたっても終わりがこうへん、どないなってんねん！〟、と言って見にきた時、私はどんどん列の後ろに回されて、ずーっと後ろの方までいってしまっていたんです（笑）」。まだ自由に食料を売買できず、なにもかも統制下だった当時、人々はコーヒーだけでなく、食べること全てに渇望していた。店には砂糖もあれば、バターやジャムもあるとなれば、この騒動もうなずけるというものだ。中には抜け目ない者もいて、丸福で出した後の豆カスをもらいうけ、ミルクホールで使って一商売していたそうだ。

ところで、1949年に難波でコーヒー店《オランダ》を開業し、喫茶学校の講師も勤めた創業者の山田哲男氏は、かつて《丸福珈琲店》の伊吹貞雄氏に焙煎などの相談を受けていたという。「人の言うことを率直に聞いて、すぐ実行に移す人やった」と、当時のことを記憶している。しかし、それ以上に貞雄氏らしい逸話が、当時、生豆の卸もしていた《オランダ》に、豆の買い付けに訪れた時だった。「全て現金で支払ってたんやけど、お札がどれも土臭かった。土に埋めてたと聞いたけどな」。はたして英子さんによれば、「父は売り上げは使わへんから、現金を一斗缶にぎっしり詰めて防空壕に封をして入れてました。後で開けたら、湿ってたけど」。ツケなど一切せず、とにかく現金払いをモットーにした貞男氏。それが戦後の混乱期に何よりの信用になった。さらに、神戸に住む華僑を頼って買い付けもしていて、英子さんによれば〝とにかく彼らは何でも持っている〟と幼心にも強烈に印象に残っているという。「後から聞いた話だと、子供がついていくと警察があまり疑わなかったらしい。だから両親が交互に行くたびに私がついていって、結構、砂糖が重いんですけど、でも何食わぬ顔して手にぶら下げてね」。まさに戦後史の知られざる一面を知る思いである。商売に厳しい華僑の人々を相手にしても、その信用は揺るぎないものだったようだ。

　そうこうしながら《丸福珈琲店》は戦後すぐに営業に復帰したが、敗戦という一つの区切りに立って、貞雄氏は改めてその店が少々小さすぎることに思い至る。再開後ほどなく、元料理旅館の10坪ほどの土地を持主に譲ってもらうことになった。そこに新たに建てられたの

戦後に移転した、現在の《丸福珈琲店》千日前本店

が、現在の《丸福珈琲店》千日前本店。今の3分の1ほどの長細い店内に、当初はカウンターと壁際にベンチシートを設置し、どの席からも店主と対面になるレイアウトだった。東京のカフェ《ギンレイ》から2度の移転を経て、現在の「大阪の丸福」が居所を定めたのは、まだ終戦から間もない1946年のことだった。

その頃、大阪の街には見なれぬアメリカの兵士たちの姿が目立っていた。「進駐軍がいっぱいだから、うちもお客は米兵がほとんど。当然、コーヒーは外来のものだったから」。そう苦笑する英子さんの記憶によれば、難波髙島屋、そごう、大丸、精華小学校など主だった建物はGHQに接収され、外観を迷彩色で覆われていたという。しかし、そんな米兵たちよりも早く店を訪れたのが新国劇の看板役者、曾我廼家五郎八と辰巳柳太郎の両氏。片や1923年に旗揚げした松竹新喜劇で藤山寛美らと活躍、片や渋い演技と豪快な殺陣で勲章も受賞したスターの来訪に、貞雄氏もさすがに面食らっただろうか。戦後最初のお客がこの二人だったというのは、いかにも〝芝居の街〟・道頓堀らしいエピソードだ。

大空襲で五座は焼失したものの、〝三千人劇場〟と呼ばれた千日前の大劇（大阪劇場）は終戦から1ヶ月で再開。松竹歌劇団の「秋のおどり」が再開され、大入り満員の盛況を博した。また１９２３年には中座も新しく立て直され、盛り場も少しずつではあるが、元の姿を取り戻しつつあった。未だ焼け野原が目立つ中でいち早く開いた店には、コーヒーの香りに誘われて演劇・舞台関係者が相次いで訪れた。その頃、進駐軍の影響でジャズが蔓延していた界隈では、《メトロ》、《富士》などのキャバレーがオープン。本格的なライブ、バンドの演奏が盛んに行われ、その合間に音楽関係者もよく現れた。美空ひばりのバックも務めた〈大阪キューバンボーイズ〉の母体〈東京キューバンボーイズ〉の〝ビッグ4〟と呼ばれた、ピアノの中村八大、ベースの松本秀彦らのほか、〝ブギの女王〟・笠置シズ子も大劇やキャバレーでのステージがあるたびに顔を見せたとか。さらには、戦後すぐに海外の映画に出演した俳優・早川雪舟も、この頃に丸福に足を運んだ一人。１９３０年頃には映画も掛かり始め、山田五十鈴や高峰三枝子といった名女優も、大劇での仕事帰りなどに姿を見せるようになった。かつての活気を取り戻した店は、相次いで移転した隣接店から建物を譲り受け、フロアを徐々に拡張。結局、実に6軒分の建物がつながって、１９５７年頃に現在と同じ床面積まで広がった。

活気を取り戻しつつあったミナミには、文学界の関係者も再び集まってきていた。難波新地のただ中、法善寺の水かけ不動の側に生家があった詩人の小野十三郎は、自らを〝サテン文化人〟と認じ、「そこは溜り場であって、単にコーヒーを飲みに行くところではなかった」（『自伝 空想旅行』朝日新聞社、１９７５年）というほど、生涯にわたり喫茶店を拠り所としていた。小野によれば、まだ界隈に空襲の跡が残るなか、新歌舞伎座の真向かいでいち早く開店したのが《創元》だった。表向きは、創元社の取締役だった内藤宗晴が経営する創元書房だったが、その奥に4坪ほどの喫茶室が併設されていたという。当時、織田作之助や庄野潤三、開高健といった、大阪ゆかりの作家が常連となり、文学関係者やジャーナリストたちが集う貴重な場になった。《創元》は、小さいながらも繁盛していたそうだが、書店の営業不振により5年ほどで店を閉じたという。《創元》なき後、彼らの根城は、法善寺の水かけ不動の向かいにある《ルル》へと移り、ミナミでの新しい溜り場になった。ここは劇団「民芸」の友の会の連絡場所にもなっていたため、新劇の役者、前進座や文学座の関係者も多く顔を見せたという。

さらに、現在のなんばグランド花月の近くには、１９４６年、後の《純喫茶アメリカン》の前身、《花月》も開業。初代・山野勝次郎氏は、戦前、黒門市場で天麩羅屋を営んでいたが、戦時中に油の入手が困難になり廃業。兄が手掛ける食堂を手伝っていたが、再び独立を考えた時に、飲食店より準備負担が少ないという考えもあり、喫茶店へと方向転換した。「初代は

昭和30年頃の《純喫茶アメリカン》と創業者・山野勝次郎氏

〝趣味が商売〟という人。和歌山から大阪に奉公に出て、叩き上げでこの店を作った。小柄だったことから負けん気も強かった」とは、創業者の孫にあたり、現在、3代目として姉妹で店を受け継ぐ山野睦子さん・誠子さん。万事に突き詰める気質で、材料もすべて一番いいものを使う本物主義。コーヒーも手網を使って自家焙煎を始めた。

当初はコーヒーとココアが売り物だったそうだが、「時代的に出来合いのものがないこともあって、何でも自分で作るのが基本。あるもので何とかする、いわば何でも屋的な店だったそうですが、それでも、飛ぶように売れたようです」。サイドメニューも最初はサンドイッチやホットケーキくらいだったが、お客の要望でメニューは増え、洋食と喫茶という形になっていった。一時はフロアを、食事と喫茶に分けたこともあるそうだが、最終的に喫茶に絞った理由が、「喫茶のフロアに、ナイフ・フォークのカチャカチャする音が響いて落ち着かないから」というのは、完璧主義の初代の気質をうかがわせる。

その後、１９５０年頃に現在地の道頓堀に移転し、戦中の外来語の禁も解け、屋号も《アメリカン》に改めた。店には舞台関係者も多く訪れ、中でも名優・藤山寛美は一日とおかず訪れる常連で、初代の葬儀にも参列したという。「昔のスターはポマードで髪かためてエナメルの靴はいて、今みたいに隠れることなくスター然としていました。昔の道頓堀は〝大阪のブロードウェイ〟。まだ芝居茶屋もいくつかあって、弁当から宿の手配までしていました」と山野さん姉妹。界隈にはまだ置屋や料亭が健在で、宗右衛門町では、１８７７年（明治10年）創業の芸妓置屋の大店・大和屋の前に要人の黒塗りの車が列をなし、花街・芝居町の賑わいを伝えていた。芝居茶屋のうちの一軒に《アメリカン》の贔屓のお客があり、時に出前の注文もあったそうだ。観劇には幕の内が定番だが、〝たまには変えたい〟というお客の求めで、この店のサンドイッチの持ち帰りができたというのは、この界隈らしいエピソードだ。

また、１９４８年には、移転前の新歌舞伎座の北側に《カミン》が開店。現在も心斎橋の三津寺筋に移転して営業を続けているが、「カミンはドイツ語で暖炉の意味。最初は祖母が始めた店で、８坪の店にカウンターのみ、当初はコーヒーと紅茶だけだったそうです」とは、３代目の辻泰彦さん。その頃から、コーヒーの焙煎も始めたそうだが、当時は御堂筋の道端に窯を据え、燃料にコークスや薪を使い、それも手に入らない時には、ゲタを燃やし、大きなウチワであおいで火をたてて豆を焼いていたという。

この時、共に焙煎に携わった辻さんの叔父・貞蔵氏が、難波本通の細いドン付き路地で姉妹店《カーネス》を開店。こちらも8坪で、カウンターにコーヒー・アーンを乗せ、丸椅子を置いただけという簡素な店構えだった。ただ、辻さんによれば、「店に立つときはワイシャツに蝶ネクタイ、エプロンの、びしっとした姿で。豆から何からこだわる人で、とにかくコーヒーの味を追求してました。いわゆる、へんこつ親父で、気に入らんお客は追い出していたらしいです」。

焙煎は貞蔵氏が担当していたようで、《カミン珈琲店》のブレンドとは別に、《カーネス》だけのブレンドも作っていたそうだ。組合にも入らず孤高の存在を貫いた《カーネス》だが、多くのコーヒー愛好家の支持を集め、老舗のコーヒー店主からも名が挙がる知る人ぞ知る存在だった。難波の再開発が進んだ90年代には閉店したが、今も《カミン珈琲店》には《カーネス》を知るお客が訪ねてくることもあるそうだ。

後に《カミン珈琲店》は、1956年の難波新地の大火で焼失し、翌年に自宅のあった三津寺筋に移転。辻さんは、貞蔵氏からコーヒーのイロハを教わったそうで、「父の代わりに《カミン珈琲店》を手伝った時に、いろいろ教えてくれました。叔父に直接、話を聞けたのは貴重な経験」と、今も代々のブレンドを継承。現在も、創業時と変わらずコーヒー・アーン

左・創業時の《カミン珈琲店》（『喫茶店経営』1977年5月号）と、
右・姉妹店の《カーネス》（『コーヒーの店 - 大阪』保育社 1983年）

を使っている。現役で使う店も少なくなっただけに、「今の人は、″これなんや？″とよく言われます」と苦笑する辻さん。製造メーカーもなくなり修理が効かないのが目下の悩みではあるが、できるだけ長く活躍してほしい。

　ちなみに、同時期の１９４８年、新世界のジャンジャン横丁では、ミックスジュースの発祥として知られる《千成屋珈琲》が創業している。初めは果物店として始まり、当時、貴重なバナナも扱っていたが、熟して皮が黒ずみ、売りものにならない完熟ものを生かすべく、初代店主がジュースでの販売を創案。後に他の果物や牛乳を加えて売り出したミックスジュースが一躍、看板メニューに。好評を受けて、１９６０年に青果店から喫茶店へと転身し、ここから広まったミックスジュースは、今では大阪名物の一つにまでなっている。

　一方、大阪駅周辺にもまた闇市が広がっていたキタに目を移すと、１９４６年、梅田新道に喫茶・レストラン《ミツヤ》が開業。そのルーツは、１９００年頃に福島区で始めた

創業時の《マヅラ》

氷の販売店にあり、大正時代に電動式氷削機を考案してかき氷を販売。１９４３年に開店した甘党喫茶では、みつ豆に餡を乗せたあんみつを売り出して評判に。戦後、《ミツヤ》は福島、心斎橋にも支店を展開し、名物のあんみつや自家製アイスクリームに加え、鉄板スパゲティなどの本格的な洋食も揃える多彩なメニューで支持を得ている。

次いで１９４７年には、大阪駅前に《マヅラ》が開店する。創業者の劉盛森氏は、日本の統治下にあった台湾に生まれ、１９４１年から大阪の商社に就職。ほどなく戦争になり会社が倒産、空襲も経験し、身一つからの再起の場が15坪の喫茶店だった。物資がない時代、最初はぜんざいやすいとんくらいしかなかったが、疎開から戻った人々がレコードを持ってきてくれたことで、若い頃に親しんだ名曲喫茶へと形を変えていった。「父は音楽好きで、台湾にいた学生時代に《ボレロ》という名曲喫茶に通ってコーヒーの味を覚え、憧れを持ったそうです。台北の喫茶店にもよく行っていたから、生豆が入るようになったら、早くコーヒーを主役に、と考えていたと思います」とは娘の由紀さん。店にはレコードの音にひかれ、復員兵らが多く集まった。その後、店を拡張して職住一体に。住み込みの従業員も雇い、貿易会社にいた伝手を生かしてMacdonald Greenlessと契約して、ウイスキーのオールド・パーの総代理店も務めるようになった。

ところで、この独特の響きを持つ店名は、インドネシアのマドゥラ島が由来。19歳の時に盛森氏が旅行で訪れた際、ギターを弾いていると、耳を傾けてくれた宿で働いていた女性がいた。この時、「将来、自分の店を開く時には、君を思い出して島の名前を店名にする」と約束したという、ロマンチックな逸話が残っている。盛森氏自身も「詩情があっていい思い出のある島。地元のコーヒーは濃かったが、南風がそよぎ、お茶を飲んでいたら最高の気分。難しいけど、これに近いものを店で出したかった」と述懐している。幸い前職でコーヒーも扱っていたことから、「インチキでない、本物の味を出したかった」と、開業当初から自家焙煎に着手。帰還兵が持ち帰った豆をもらい受けたり、時には進駐軍が使った後のコーヒー豆ガラを使ったりしていたという。今も店の奥には、50年選手の直火式12キロ焙煎機が健在。「徹底して追求するとなるとやはり自家焙煎。こうでないと喫茶店の親父とは言えない。これが僕の味やといえる、自信もって進められる味を」と、今も変わらぬコロンビア、ジャバ、ガテマラ、モカのブレンドで、さっぱりと親しみやすい味わいをモットーにした。

1950年代になると、梅田周辺には新聞社のビルが集まりはじめ、各社の記者が常連となった。由紀さんによれば、「記者さんはみんなコーヒー大好きやったから、感想を聞いて味を合わせていった。うちのコーヒーの味は、父が台湾で通った《ボレロ》の記憶と、新聞社の方々が作った味。父は豆の産地だけでなく、ランクまで指定して生豆を入れていました。その頃にしては珍しいこだわりで、今もそれを守っています」。

同時代の界隈には、戦後、同じように苦労して商売を立ち上げた人々が集まり、協力し合わないと生きていけない時代だった。「親が朝から晩まで働いているから、私たちの子供時分は遊び相手や場所もない。だから、その辺のお店をちょこちょこ覗いたりしてね。両親は構ってくれなかったけど、周りの大人の方がよう構ってくれました。まだ公設市場もあって、街に〝生活〟の匂いがありましたね」と振り返る。

2　大阪のコーヒーは〝濃い〟だけにあらず

戦後間もなくから、今に続く老舗が相次いで創業したが、その中に戦前、市岡で《藤屋》を立ち上げた秋山悟堂氏の姿もあった。戦時中は徴用で造船所で雑役に就き、その間、空襲で《藤屋》を焼失。１９４６年（昭和21年）、初芝の家を売却し、一刻も早く店に変えるべく、毎日のように物件を探してミナミを徘徊した。当時まだ治安の悪かった難波界隈を避け、第二の創業の地を心斎橋に見出し、翌年、《藤屋》の再開を果たした。

この頃、本物のコーヒーといえば、進駐軍のポンド缶のコーヒーが唯一と言っていいものだった。そのブランドの一つ、ＭＪＢの味わいに惚れ込んだ秋山氏は、この味を自分の店の目標にすべく、１年後に《ＭＪＢ珈琲店》と屋号を改め心機一転。軽快でコクのあるコーヒーを店の顔として打ち出した。それには、当時の大阪のコーヒー事情も背景にあったようだ。当時の喫茶店のコーヒーは相当な深煎りで、一杯飲めば数日、苦味が残るほどで、〝胸にもたれぬコーヒーは、コーヒーにあらず〟といった風潮すらあったという。確かにこの頃、コーヒー業界でも〝大阪式の黒焼き〟などと呼ばれるほど、深煎り傾向にあったようだが、秋山氏からすれば、「ニガいのがいいか、軽いのがいいかは、各人の嗜好によるわけだから、どちらがいいとは断定できない。私の目指す珈琲を売るには、ニガくなけれ

創業時の《MJB珈琲店》心斎橋店

ば珈琲にあらず、という風潮を、まず改めなければならない。ニガい珈琲を出す店が多かった中で、私の店で出す軽くてコクのある珈琲は、いわば異端的存在であった」。（『喫茶店を経営して40年』明日香出版社、１９７６年）と回顧している。それでも、外でチラシをまいたり、店内にはコーヒーの解説を置いたりと啓蒙を続け、ファンを少しずつ増やしていった。

ところで、戦後しばらくは遊興飲食税と呼ばれる免税点があり、１９５４年に「１品50円以下、１人１回の勘定１２０円まで免税」と決定された際、当時、大阪ミナミ喫茶飲食業組合の長も務めていた秋山氏は、東京喫茶店連盟からの要請もあって、免税点を１００円まで引き上げる運動を展開。これを契機に１９５５年、全国喫茶店連盟が創立、同年に大阪喫茶店連盟が結成された。この時、《ＭＪＢ珈琲店》では、免税点対策として、ＭＪＢの１ポンド缶に安価な輸入豆を半量混ぜて、〝輸入珈琲50円〟として提供。客数は一気に2倍に膨らんだという。

とはいえ、それも一過性のもので、独自の特長を打ち出すべく同年、秋山氏が考案したのが〝七色の珈琲〟だ。１９５０年のコーヒー輸入自由化以降、様々な産地の豆が入るようになったこともあり、世界各地で愛飲されているコーヒー7種を、月～日曜まで売り出したメニューが以下。

月曜：ブラジリアン珈琲（ブルボン・サントスベース）／火曜：ブリティッシュ珈琲（ブル

マンベース）／水曜：ウインナー珈琲（中米産＋ホイップ）／木曜：フレンチ珈琲（バーボン入り）／金曜：メキシカン珈琲（メキシコ・濃厚）／土曜：アメリカン珈琲（浅煎り）／日曜：アラビアン珈琲（モカベース、アラビア風の淹れ方）

しかも、各曜日に指定したコーヒーはサービス品として、定価より割安に設定。注文が集中すれば豆が大量に消費され、鮮度の良い豆が入れ代わり続ける。品質と効率を追求した名物コーヒーは、《MJB珈琲》の代名詞として定着した。

その秋山氏と同じように、当初から軽やかなコーヒーを打ち出していたのが、1951年、南地中筋で創業した《アラビヤコーヒー》。「大阪は濃いコーヒーっていうイメージがありますけど、かつてはしっかり味が出てないとコーヒーと思われんかったのか…食事は薄味が好みなのに、なんでですかね？」というのは、2代目・高坂明朗さん。先代の創業者・光明氏は、エリート将校から喫茶店のマスターに転身。当初から軽やかで香りのいいコーヒーを志向し、「薄い」と文句をいう客に対しても、絶対に譲らなかった。時には、「お前らの口にいちいち合わせてられるかい！」と、ケンカになることもしばしばだったという。「よう働いて、よう遊ぶ人で。ダンスが好きで、近所のダンスホールによく通っていました」という光明氏は、ハイカラで新しもの好きの気質で、戦前から野球やスキーも嗜み、腕前もプロはだしだったとか。店内には、手彫りのレリーフや自作のキャッチコピーなどが飾られ、多才な感

《アラビヤコーヒー》創業者の高坂光明氏。店内には自作の木彫レリーフも見られる

覚をうかがわせる。ちなみに、野球の腕もプロ級だった光明氏だが、奥様は、戦後、女子プロ野球リーグでプレーした正真正銘のプロ野球選手。心斎橋そごうのデパートガール兼選手としてプレーしていた時に、光明氏と出会って結婚。グラウンドから舞台を変えて、長年、カウンターの〝花形選手〟として店に立ち続けた。

コーヒーは当初から自家焙煎。手回しの器具に始まり、ほとんど独学で技術を磨いてきた。今では、サンドイッチやプリンといった名物も増えたが、当初、サイドメニューはトーストくらいで、一貫してコーヒー専門店のスタンスを受け継いできた。「役者の子が袖で芝居見てるような感じで、子供の頃から父の仕事をずっと見ていて、自家焙煎っていうのは普通の喫茶店とは違う、オリジナルで作っている、というのが幼心にも気に入ってました」とは高坂さん。戦後、コーヒー豆がまだ貴重だった頃から、粗挽きの豆をたっぷりと使って、ネルでさっと旨みを引き出すドリップは、「昔は一回使った

現在の《アラビヤコーヒー》

豆で、もう一回抽出できたほどで。当時としては贅沢な淹れ方だったと思いますね」と、今では界隈に欠かせぬ味となっている。

法善寺の門前にあたる南地中筋は、かつての難波新地の真ん中を貫いた目抜き通り。道頓堀や湊町に船をつけて芝居小屋に行った人々が、この筋を通って法善寺に参詣し、遊びに出かけるというのが定番だった。《アラビヤコーヒー》があるのも、元はお茶屋だった建物。芝居街のお膝元ゆえ、観劇のお客に加えて、舞台に立つ役者が訪れることも日常茶飯で、今も先輩から後輩に伝えられ、代々通う役者も少なくない。一方で、界隈の商店の若旦那や料理人、生演奏のバンドマンも息抜きに訪れる。以前は板前は住み込みで働く人も多く、大将が若い見習い衆を連れて訪れるという、商売の街らしい姿もあった。今では国内外の観光客が多くなったが、分からないことがあると周りの常連が教えるといった光景も見られる。「大阪の人はフレンドリーやから、そういうのをほっとかないんですよ」という大らかな空気も、長年、支持を得る所以だ。

ここまで、コーヒーに並々ならぬ熱意を持つ店主が登場してきたが、極めつきということで言えば、〝幻のコーヒー名人〟と呼ばれた襟立博保氏をおいてないだろう。東京・銀座の

《カフェ ドランブル》関口一郎氏と並ぶ、西の名人と謳われた襟立氏は神戸の出身で、東京の大学で建築を学び、戦前は建築設計家として活躍。堺筋の松坂屋（現・高島屋別館）の設計のため大阪に移り、百貨店などの構造設計を手掛けたが、終戦後は仕事がなく不遇をかこっていた。

その襟立氏が《リヒト》の名でコーヒー専門店を始めたのは、1947年頃。コーヒーとの縁を、こう語っている。「東京震災の年だから大正十二年、当時もちろん少年だった僕がオヤジの仕事の関係で当時神戸で開店したブラジルやパウリスターに出入りするうち、はるか本場からやってきていた今で言うコーヒーコンサルタントのブラジル技士に焙煎その他を何となく教わったのが、つまり因果だったんですね」（『1967年度版 大阪味覚地図・南』創元社、1966年）。

ただ、店はたびたび開いては閉じ、場所を移し、1947～56年の間に計7軒を数えた。これほど出入りが激しかったのは、ひとえに襟立氏の気質によるものだった。「コーヒー専門店を謳って、コーヒーオンリーでやっていたから、コーヒー〝でも〟もらおか、コーヒー〝しか〟ないんか、と言おうもんなら追い出された。店を辞めた理由のほとんどは、家主や隣近所とのいざこざだったと思います」。そう話すのは、襟立氏が後年、顧問を務めた《蘭館珈琲ハウス》社長の鎌田幸雄さん。《リヒト》時代にお客として通い、当時の襟立氏を知る数少ない一人だ。
鎌田さんが初めて《リヒト》を訪れたのは、学生時代の1956年頃。5店目となる難波・鴈治郎横丁にあった《リヒト》だった。「知人に連れてもらったのが最初で、店は映画館の裏の細い裏路地にありました。襟立さんはカウンターで本を読んでいて、おもむろにベレー帽をかぶって、〝どなたの紹介で来られた?〟というのが第一声でした。1人でやっていたから、ベレー帽をかぶることで気持ちの切り替えをつけていたのかもしれない」と振り返る。ネルの10杯立てやコーヒー・アーンが主流の頃、珍しかった1杯立てのネルドリップコーヒーは、「とにかく他所とは違っていた」と鎌田さん。当時、店先には手動の焙煎機が置いてあり、週に何回か豆を焼いていたようで、煙が路地一面に噴き出していたという。「コーヒーがまだ希少な頃、さらに自家焙煎している店は少なかったから、焙煎の匂いに惹かれてくる人も多かったはず。香りに誘われる、この宣伝効果は大きかったと思う」。そこから突然、店はなくなって、鎌田さんが次に訪れたのは阿倍野の店だったという。

襟立氏が最後に店に立ったのは、移転前の新歌舞伎座の裏手で、1958年に開店した《なんち》という小さな喫茶店だった。薬局に併設しており、いわば雇われマスターの立場だった。それでも不愛想な接客は相変わらずで、でも・しかと口にしたお客は追い出されるのが常。しまいには、週刊誌などに〝浪速の説教コーヒー店〟などと書かれることもしばし

《なんち》の前に立つ襟立博保氏
(『1967年版 大阪味覚地図・南』創元社、1966年)

ばあった。ただ、鎌田さんによれば、《なんち》の常連客はハイクラスで、「朝の7時から1時間ほどは、店の前に黒塗りの車が並んで、新聞社や鉄道関係の偉いさん、医者なんかが出勤前に寄っていた」とのこと。また、新歌舞伎座の通用口の正面にあったことから、役者の贔屓も多く、とりわけ俳優の長谷川一夫は、出演時は毎日3、4回は訪れ、京都・太秦の撮影所にいる時も秘書に運ばせたそうだ。実は、大の長谷川一夫ファンだった襟立氏は、時には長谷川の家族を含めてコーヒー教室をしたこともあったとか。ちなみに、楽屋で飲む時は付き人に取りにこさせたが、それが見習い時代の吉永小百合や倍賞千恵子だったというから、居合わせた客もさぞ驚いたことだろう。

また、店を設計した辻野純徳氏によれば、「襟立はブレンド作りの名人で、あれこれ混ぜ合わせては客の好みのコーヒーを作りだしたという。誰が名付けたのか〃コーヒーの魔術師〃などと呼ばれることもあった」(『コーヒーに憑かれた男たち』中央公論新社、2005年)。その一杯を求めて、時には一度追い出されて、それでも飲みたいと街を一周して再び入ってきた客もあったとか。その中で、襟立氏のコーヒーの真価に触れ、生涯、師と仰いだのが、〝自家焙煎コーヒー界の御三家〟と呼ばれた一人、吉祥寺《もか》の標交紀氏だった。当時、コーヒー店の全国行脚を続けていた標氏は、大阪を訪ねた際、襟立氏のコーヒーに出会ったことで、自家焙煎による味作りに自分の進むべき道を見出したという。この邂逅によって、後に《もか》は全国に名店として知られる存在となったことで、襟立氏が大阪の〝幻のコーヒー名人〟として一躍、世に広まることとなった。

3　大衆娯楽の一端を担った歌声喫茶の記憶

コーヒーの輸入が再開された１９５０年（昭和25年）、朝鮮戦争の勃発により、日本はアメリカ軍の最前線となり、軍需物資の注文で経済復興を軌道に乗せた。特需の発注は沈滞する大阪のカンフル剤となり、急速に活況に向かった。１９５１年の大阪の繁華街について、『大阪人』（１９５１年2月号）誌は次のように描いている。「戦後北区の発展は実に驚くべきものがあった。終戦直後の交通難は北浜、船場界隈のインテリ層を大阪の表玄関梅田まで歩かせる結果を招き、このお客を狙って映画館、コーヒー店、飲み屋等々またたく間に出来上がってしまった」（『都市の近代・大阪の20世紀』思文閣出版、１９９９年）。オフィス街を持つターミナルだったキタは、盛り場としてはまだ発展途上にあったが、それでも、書店や音楽専門店や画廊なども次々と生まれ、ミナミとは一線を画した層を対象とする娯楽街をなしていた。

その中で、喫茶店の数も増加の一途をたどり、コーヒーを飲みながら楽しめる付加価値を持った店が現れる。様々な業態が登場したが、この頃、一つのムーブメントとなったのが歌声喫茶だ。その原点は、終戦ほどなく労働者の権利の高まりと共に、勤労の喜びを歌い、連帯感を強めるべく展開された〝うたごえ運動〟にあるが、１９５０年代半ばには政治色は薄れ、大衆化された形で盛り場を中心に全国に広がった。歌声喫茶は１９５４年に東京・新宿に開店した《灯》が先駆けとされ、新宿歌舞伎町の《カチューシャ》《どん底》、関西では大阪・道頓堀の《ふるさと》、京都・四条河原町の《ひばり》といった名が知られている。

中でも、東の《灯》に対して、西の代表格として並び称されたのが、１９５８年頃に北区高垣町に登場した《コーラス喫茶 こだま》だ。本書の取材を通して、折に触れて《こだま》の話題が出ると、当時を知る世代の店主のほとんどが記憶していたことからも、その存在感は一頭抜けていたことがうかがえる。すでに店を閉じて久しいが、幸運にも創業者のご子息・山口幸一さんが梅田《King of Kings》の常連だったことから、店主の劉由紀さんの協力を得て、直接、話をうかがう機会が得られた。

幸一さんの父親・山口又四郎氏は、淡路から大阪へ奉公に出て、戦後、阪急東通界隈で山口商店を開業。50代で仕事を引退する時に、懇意の商店主３人で経営を始めた《こだま》で、副社長を務めた。店名は当時、東京〜大阪間を結んだ初の電車特急・こだまから命名。山口商店の隣にあった自動車修理工場の資材置き場を改装した店は、新御堂筋の建設により一度、移転して、東通商店街の中で再開している。およそ１００坪の敷地に、１階が洋酒喫茶、２階がコーラス喫茶という２階建ての店構え。話によれば、２階のフロアは２００〜３００人は入ったと言われ、関西でも有数の規模を誇った。フロア中央にあるステージを、長椅子や箱型のスツールが囲み、ドリンクを置くテーブルもあったが、あくまで歌うことを主とした作りだったという。

歌声喫茶では、リーダーと呼ばれる歌い手が主導して、曲を決めたり、リクエストも受け付けたりしながら歌うのが一般的なスタイル。ただ《こだま》では、ピアノ伴奏や歌唱指導は豊中の大阪音楽大学の先生が行い、音響はＡＢＣ朝日放送のスタッフが手掛けるなど、店作りに徹底していた点で一線を画する。「大阪の芸術系大学は音大だけだったので、初めの頃はリーダー役の歌い手でも助けてくれたようです。また、天井が高くない店だったので、１００人単位で歌うと声が割れてしまうから、音響も大事だったんですね」と幸一さん。ホール顔負けの設備ということもあり、後年は全国からＰＴＡの団体も見学に訪れたという。

当時の歌声喫茶には店ごとにレパートリーを載せた歌集があり、《こだま》には、オリジナルの〝こだまの唄〟もあった。１番の歌詞は以下のような内容だ。

「お早よう　お早よう　明るい朝が　やって来た　胸にあふれて　やって来た　満員電車の　その中で（ラララ）　あなたと僕の　ほほえみが　見かわす瞳に　こだまするララ　こだまする　ララ　こだまする」。

〝うたごえ運動〟でロシア民謡が紹介され、盛んに歌われたことから、ここでも「山の歌」、「収穫の歌」、「カチューシャ」といった労働歌が定番だったが、やがて流行歌や歌謡曲も多くを占めるようになった。「カラオケもゲームセンターもない昭和30年代、娯楽がなかったので、最初から人が集まったと思います。キャパが大きいから、人が多く集まらないと成り立たないはずなので、評判は良かったと思います。時期が良かったのもあって、名を知られる存在になったんでしょう。私が大学時代、小学校の同級生で集まった時、《こだま》に連れていったら、みんな知っていましたから」。

いまや当時を知る人は少なくなっているが、クラリネット奏者として国内外で演奏活動を行い、ジャズを中心にした多くのイベント・ライブを手掛ける、（株）メディアゾーンジャパンの吉川裕之さんは、当時の《こだま》の空気を知る一人だ。「喫茶と言っても、歌を歌うついでにお茶する感覚で、今でいうカラオケの生オケ版。１９６０年代に行った時は、広い空間に漂う熱気がすごかった。知らん人ばっかりが集まって合唱するのは妙な感じもしたけど、いわば健全な雰囲気の娯楽の場でした。曲はロシア民謡のカチューシャ、高校三年生、青い山脈とか。主に民謡が多かった。音楽の流行でいうと、歌声喫茶からフォーク世代に移行して、やがて歌い手が聞かせる形で人気が出てきて、その後の学生運動や反戦系のムーブにつながっていったんですね」。

当時の《こだま》では、冬にお客が参加するスキー旅行も開催していたそうで、幸一さんも参加したことがあるという。「界隈でも、その規模は目立つ存在でしたが、父がよく言っていたのは、〝水商売をしたことないから、子供のためにも怪しい業態にはしない〟、ということでした。あくまで健全な社交場を目指していました」という《こだま》は、戦後の一時代の娯楽を支えた稀有な店として記憶されたい一軒だ。

4　意匠を凝らした喫茶店の名建築

一方のミナミは、キタのオフィス街に対して百貨店・劇場を中心とする繁華街として活気を取り戻していた。再び、『大阪人』（1951年2月号）によれば、「南海難波駅を扇の要に心斎橋筋、道頓堀といった赤い灯、青い灯で賑わう大阪名所をひかえ、歌舞伎座、大劇、スバル座、松竹座、浪速座、中座、角座といった劇場、映画館がずらりと肩をならべているのも一つの偉観であろう。（略）映画館から飛び出して、ここまで来たついでに一パイといった連中も又多く、これを当て込んで、カフェ、キャバレー、飲み屋、おでん屋、お好焼屋、新旧種々雑多の食い倒れにふさわしい食い物屋が軒を並べている」（『都市の近代・大阪の20世紀』思文閣出版、1999年）。

同時期、戦前に隆盛を誇った《カフェー丸玉》の木下一郎氏は、1952年（昭和27年）に、女性のアルバイトを主体とした、日本初のアルバイトサロン《ニューマルタマ》を開業して再出発。通称〝アルサロ〟として界隈で人気を博し、そこから発展して、1956年には、こちらも日本最初を謳った洋酒喫茶《コンパ》へと発展。《美人座》《メトロ》といったカフェーは戦後もまだあったが、時代に合わせた業態転換を先駆けていた。この頃、風俗性を加味した変形喫茶店も多数生まれ、秋山悟堂氏によれば、当時の大阪には、「ヌード喫茶、指名喫茶、個室喫茶、テレフォン喫茶、落書き喫茶、連絡私書箱喫茶などという店もあった」という（『喫茶店を経営して40年』明日香出版社、1976年）。

一方で、増加を続ける喫茶店の中から、人々の度肝を抜く贅沢な憩いの場が現れる。1956年、心斎橋筋商店街に開店した、《プランタン》だ。設計は、戦前のキャバレー・アカダマや綿業会館、旧そごう心斎橋店などを手掛けた、大阪が誇る名建築家・村野藤吾。在りし日の店構えは、全面のガラス張りと陶片モザイクタイルによる華麗なファサード、扉を開けると螺旋階段と吹き抜けが現れ、薄暗い照明に村野がデザインしたテーブルや籐椅子が、どこかレトロな雰囲気を醸し出していた。さらに、1965年には姉妹店の《戎橋プランタン》もオープン。こちらは、地階から中2階があり、3階にレストランまで備え、内外部とも白を基調に、ファサードは薄い鉄板壁と強化ガラスのみ。直線を生かした明るくスタイリッシュなデザインと、白亜の店構えから〝白プランタン〟の通称で親しまれた。

心斎橋の《プランタン》（左）と、通称白プラと呼ばれた《戎橋プランタン》
（『村野藤吾建築案内』TOTO出版、2009年）

　村野建築の中でも名作と称される両店は、惜しくも失われてしまったが（心斎橋店の建物のみ現存）、ここから独立した同業者も数多く、大阪の喫茶文化の一端を担った。そのうちの一人が、《プランタン》で腕を磨き、1971年に《天満プランタン》を創業した西仲勝治さんだ。西仲さんは、1965年にプランタンに入社し、4年間で梅田、堂島、心斎橋、戎橋など系列の全5店を経験。当時は京都に湯豆腐専門店、四ツ橋にカレー専門店も展開していたという。

西仲さんによれば、《プランタン》を立ち上げたのは、知る人ぞ知る全国有数の左官工事業の老舗・株式会社浪花組の3代目社長・中川貢氏。名だたる建設会社とのつながりを持つ、中川氏の人脈があったからこそ実現したという。「四国から単身大阪に出て、一代で左官業のトップにまで上り詰めたのが中川さん。その肝いりの事業として始まったのが《プランタン》でした。終戦後、荒廃した大阪の街を見て、市民の憩いの場を作ろうと。周りの人を幸せにしたいという思いがあったんちゃうかなと思います。いわば、本業あっての社会貢献の一環、元々儲けは考えないからこそ、この贅沢な造りが可能だったんです」。

一流を好んだ中川氏ゆえ、店の建築のみならず、あらゆる面で本物志向に価値を置いたという。接客を重視し、社員はホテルでサービスや料理の研修を行い、細かく指導を徹底。「当時の幹部は研修で、京都の竜安寺で座禅をしたりもしました。各支店のチーフが集まってメニュー開発をしたり、料理のコンクールに出場したり、切磋琢磨しながら創意工夫を重ねていましたね」と西仲さん。当初は仕入れていたコーヒーも、できたてを提供するべく、後に自家焙煎に切り替え。銀座のフルーツパーラーを参考にフルーツも吟味し、生絞りのジュースやパフェは人気メニューの一つだった。また、１９６０年代後半にはベーカリーも併設し、本場フランスからブーランジェを招聘。厨房では、時折フランス語も飛び交っていたとか。

「そのうちの一人、ドンクのチーフブーランジェとも知り合いだったというベルナードさんから多くを得ましたね。その当時にして、ものすごいハイカラな店でした」という《プランタン》は、途中からは美人喫茶としても評判になり、界隈では高級喫茶のイメージの代名詞ともなった。

「《プランタン》で本物の素材を使うことを憶えましたね。お客さんはおいしいものはちゃんと分かる。特に大阪の人は味にシビアやから。開業支援も数々経験しましたし、自分で店を始める時の心構えを学びました。コーヒーも、いろんな豆の焼き方を会得したのはこの時。焙煎は経験がものをいう仕事。べっぴんさんに豆を焼けるかどうか、不細工やとやっぱり渋みが出たりしますから」と振り返る西仲さん。現在も、《プランタン》の名を受け継ぐ唯一の店として、当時培った技術と矜持は西仲さんの揺るがぬ土台として息づいている。

　片や、ミナミで随一の贅沢なくつろぎの場として、《プランタン》と比肩する存在と言えば、《純喫茶アメリカン》だろう。実は、《アメリカン》は１９５０年頃に現在地の道頓堀に移転し、１９５５年に建て替えた後、近隣の火事に巻き込まれている。幸い店への延焼は免れたが、消火活動によって水浸しとなり、再開に苦労したという。この経験から、１９６３年に店の建物を鉄筋のビルに改築。当時最新の防災設備を備え、延焼を防ぎつつ、自店から出火してもも周りに出さないという堅牢な造りに。この時に改装した店内は、「店には惜しまずお金をかける」という初代・山野勝次郎氏の意気を体現した空間に生まれ変わった。

2階建ての店でまず目を奪われるのは、この店のシンボルでもある螺旋階段。すべてが手作業の時代、曲面を描く大理石のあまりの複雑さに、一度は石大工に断られたという逸話を持つ。さらに、吹き抜けにきらめく巨大なシャンデリアは、3つを合体して成形。貝殻を張り合わせたパーテーション、スチールを使った照明など随所に存在感を発揮する家具・調度もすべてオーダーメイド。極め付きは、後年、新たに加わった、波打つ板張りの大壁面。640枚もの異なる木材の板を組み合わせ、ステンドグラスをはめ込んだ優雅な曲線を描くこの壁だけで、当時の家一軒分の予算をかけたというから恐れ入る。「当初は吹き抜けの装飾も時季ごとに変えていて、シャンデリアだけでなくショーウインドウみたいにして、季節感を出してました。今もシャンデ

移転改装を経た現在の《純喫茶アメリカン》。
店内の随所に凝らされた意匠に目を見張る

ステンドグラスをはめ込んだ
波打つ壁が特徴的な1階

リアは一個ずつ外して掃除します」と山野さん姉妹。

改装後のこだわりは装飾だけにあらず。入口には手で触れると開く自動観音扉、手洗いには自動洗面台と乾燥機、フロアにジュークボックスと、設備も当時の最新式を導入。これが話題を呼んで、来店するお客も増えたという。また、1953年にNHKが本放送を開始したテレビも、「ミナミでは、くいだおれとうちの2軒が一等早かったはず。特に力道山のプロレス時はすごかった。今のように一日中放送しているわけではないので、放送が始まるまで丁稚さんが席を取り、時間になると旦那衆や芸妓がやってくるという寸法。外に人が集まるから、放映中はシャッターを締めていました」と振り返る。当時の受像機は20万円以上、1955年の大阪でのテレビの普及率は2%というから、人気のほどもさもありなんだ。

1階はアメリカンドリーム、2階はヨーロピアンとした豪華な設えに加えて、カップも大倉陶園やノリタケなど国内の一流窯を使用。6種のスタッフ専用制服もすべて誂えものの特注品だ。メニューも然り。コーヒーはコロンビアをベースに、ブルーマウンテン、ハイマウンテンなど8種をブレンド。「うちはネルドリップで、ブレンド一本。濃い目やけど常連さんはなじんだ味。アメリカンでもちょっと濃いといわれます。コーヒーが貴重品だったころ、濃い目のコーヒーに砂糖をたっぷり入れて皆さん大事に飲まれていました」。また、「昔は何でも一から手作り。今でも白玉や寒天、餡まで全部作って、既製品なんかないです」という通り、名物のホットケーキも小麦粉を自家ブレンド。3cmはある熱持ちのよい銅板で焼く、きめ細かな生地の食感にファンが多い。

　当初から365日休みなし。「家族みんなが店で仕事していて、学生の頃から家に帰ってくると店を手伝うのが当たり前の生活を送っていました。学校でテストがあると言っても、父に言わすと〝学校行けるのは贅沢、店があるから行けてるんや〟という理屈で（笑）。たまに行く旅行は楽しみでしたが、祖父はどこに出かけても店の分析を始めるから、旅行に行っても気分が台無し」。そう苦笑しながらも、先達から聞いてきた経験が、店を切り盛りする立場になった今に生かされているという。「祖父はすべてを店に賭ける人でした。店以外に何も残さなかった」という勝次郎氏。亡くなった際、葬儀も店で執り行ったという。「常連客や取引先、ご近所さんも集まってくれたから、本人には本望だったかもしれませんね」。すべてがオーダーメイドで形作られた店は、彼の人生そのものを体現した唯一無二の空間だ。

ところで、この頃すでにコーヒーの輸入は再開されていたが、コーヒーを飲む場所と言えば喫茶店という時代、家庭用の豆の販売は、ほとんど普及してなかった。逆に言えば、誰もが家庭で簡単に飲めなかった時代、百貨店でのコーヒー販売に注力したのが、戦前に創業したコーヒー焙煎卸の一つ《ハマヤ》だった。「昭和30年代の時点では、家庭用の豆を売るなら百貨店が最も適した場所でした。一部のハイクラス向けの商品として、豆の量り売りはもちろん、インスタントコーヒーも含めたギフト需要も大きなシェアを占めていました」とは、《ハマヤ》会長の堀雄二郎さん。戦前からデパートとの取引はあったが、この頃から百貨店への積極的な出店を推進。喫茶店の卸でなく百貨店が事業の柱となり、現在も直営で約50店を展開しているが、最盛期には100店に上るほどだった。百貨店では、ブルーマウンテンやハイチから輸入するヘイシャンブルーといった、高級感を打ち出した銘柄が求められ、「丸豆で陳列するから、プロなら見て分かる。その意味では、品質管理は厳しくしてきました」と堀さん。コーヒー関連器具の販売や抽出の実演も合わせて、家庭でのコーヒー普及を進めた。

それと並行して、《ハマヤ》では、直営のコーヒースタンドを出店。「当時、北浜にあった大阪三越で、〝食品売り場でお客がさっぱり通らない場所を何とかしたい〟という話を聞いた時に、気軽にコーヒーを飲めるスタンド併設の売場を提案したのがきっかけでした」と振り返る堀さん。専任のバーテンがハンドドリップで抽出、銘窯・大倉陶苑のカップで提供する一方で、当時、1杯50円が相場のところ35円に設定。「照明を明るくして、壁には洋画をかけ、高価なカップでコーヒーを飲む、というのは当時の若い世代にもアピールしたんだと思います」という通り、大阪初のスタンド形式のショップは大いに当たり、その後は雨後の筍のように、各地の百貨店でコーヒースタンドが相次いで現れたという。

堀さんは《ハマヤ》に入社前、このコーヒースタンドで、学生時代にアルバイトを経験したことがあるそうだが、上本町近鉄のスタンドではバスや電車待ちのお客が多く、コーヒー1杯50～80円の頃に、1日20万を売り上げたという。さらには、梅田の阪神百貨店のスタンドは25万を超えていたとか。ここではハンドドリップは間に合わないためコーヒー・アーンを導入、1回に1キロの豆を使っていた。「今思えば、当時はそれほどみんなが外でコーヒーを飲んでいて、いかに家庭で飲まれていなかったかを実感します。その頃、コーヒーは高級品のイメージでしたが、家庭用が普及したのが昭和50～60年代。その間に、家庭で飲むコーヒーの土台を作ってきたという自負があります」。

OSAKA COFFEE SHOP CHRONICLE

第三章

変貌する街と喫茶店黄金期

1960-1990

1　街の拡大と共に遍く広がる喫茶店

１９５６年（昭和31年）の経済白書で「もはや戦後ではない」と謳われた時代。神武景気に乗って戦前の勢いを取り戻し、１９６４年の東京オリンピック開催や東海道新幹線開業などを控え、世は急速な経済成長を見せ始めた。ただ、１９５５年の大阪府の人口が、戦前の水準をほぼ回復したのに対し、大阪市の人口は１９４０年から約75万人減と戦争の痛手から回復できていなかった。市内では、空襲の被害の大きかった臨海部・都心部の人口減が著しく、逆に南部の人口は戦前を上回り、市内中心部よりも周辺の人口が増加した。さらに１９６０年代に入り、大規模な臨海工業地の造成、千里ニュータウンの建設を含めて、巨大な開発事業が本格的に実施に移されていった。

コーヒー豆の輸入が再開された１９５０年頃から、喫茶店も本格的に復活し始め、この頃、映画、ダンスホールなどと共に若い世代のたまり場として人気を博し、昭和30年代に開業した喫茶店は全国で5万軒以上に上った。１９６０年にコーヒー豆が、翌年にインスタントコーヒーが相次いで輸入自由化となり、コーヒーが再び日常生活に戻ってきた。

《昭和町ニューホワイト》の店内にはホワイト会の会員証プレートが掲げられている

その中で、大衆喫茶の人気は戦後も衰えることなく、むしろ再び勢いを増していた。大阪環状線各駅に出店したという《玉一》をはじめ、《アジアコーヒ》《ヤマト珈琲店》《日本一喫茶》などが最も拡大したのも、この頃だろう。そこへ新たに参入してきたのが、神戸発祥の《ホワイト》だった。戦後の《ホワイト》は、神戸市内に約30店を展開。この頃、《ホワイト》と神戸の《萩原珈琲》は姻戚関係となり、《ホワイト》のコーヒーの卸先となっていた。現会長の萩原孝治郎さんによれば、「店のアーンは常にコーヒーがいっぱいで、今なら1日で使う豆は1kgくらいですが、10kg使うところもあったくらいでした」と振り返る。

その《ホワイト》が大阪に進出したのは1965年頃。東大阪に1号店の《布施ホワイト》、続いて、生野区に《大池橋ホワイト》が開店。〝町に一つ店を出す〟というコンセプトの元に、1960〜70年代の最盛期は大阪でも約40軒近くにまで広がった。現在、大阪の店主で作る組合・ホワイト会を取りまとめているのが、《昭和町ニューホワイト》2代目・河野文夫さん。

河野さんの母親が始めたこの店は、開店が遅い方で30番目前後だという。

河野さんによれば、「環状線の外側のエリアを押さえていく形で出店していたようでした。当時は一番住宅が密集していて、喫茶店がまだ少なかったことから、周辺部に集中していました」。店に残されていた、１９７５年度の会員名簿に記載がある28店の地域を見ていくと、多くを占めるのが住之江・生野・平野・住吉・東住吉・阿倍野。西成などの大阪市南部各区。東は城東区・東大阪市、西は福島、大正などもあるが、特に生野区が多く見受けられた。

確かに、国勢調査では、１９７０年の大阪市の区別の人口は、生野区が21万６２３４人と最も人口規模が大きく、次いで西成区、東住吉区、平野区、住吉区と上位は軒並み南部の区が占める。その後、１９７５年（昭和50）には平野区がトップに立っているが、上位の顔ぶれはほぼ変わらない。《ホワイト》の出店攻勢は、新たな人口の広がりに呼応したものであり、喫茶店がより郊外へと進出していったことを示している。

《ホワイト》では、フランチャイズ（以後、ＦＣ）方式で各店の推薦によって屋号を名乗ることができた。神戸の宇治川や西灘など推薦店にもいくつかの系統があるようで、初期は神戸からの推薦で出店した店が多いが、後には大池橋や桃谷など大阪のホワイトが推薦の中心的な存在になっていった。また、価格や仕入れ先も共通で指定されていたが、１９７５年を境に各店の屋号や価格は自由裁量になり、コーヒーの仕入れ先も後に大阪の《山本珈琲》が半

《粉浜ホワイト》にはかつて活躍したコーヒー・アーンが残る

分を占めるようになった。

実は、《昭和町ニューホワイト》は、1958年に開店していた《粉浜ホワイト》とつながりが深く、《粉浜ホワイト》2代目の藤岡 齋さんによれば、「粉浜の売上を元手に、翌1959年に開店したのが昭和町。初代の店主は私の従兄弟筋の母親で、うちの祖母も手伝っていたこともあります」との由。その《粉浜ホワイト》は、神戸・岩屋にあった《西灘ホワイト》を経営していた藤岡さんの祖父母が大阪出店に際し、暖簾分けする形で父の美代治さんが切り盛りした。

「開店当時の界隈は、まだ前の国道に信号もなくて。昼夜交代で、早朝5時から夜中まで開けていました。店員は常時6人くらいいたはず。出前もよく行きました。近所にタクシー会社があって、昼夜勤のドライバー交代の時間はみんなモーニングを食べにきていました。昭和30年代は、まだ戦後の残り香があり、甘いものにみんなが飢えていて、トーストにも砂糖かけて出していましたし、饅頭やケーキがよく売れたものです。今の50〜

60代の人は、だいたい父親に連れられて銭湯帰りとかに寄った思い出があるんじゃないですかね」と振り返る藤岡さん。当時は、白地に赤線が入ったホワイトオリジナルのカップ・ソーサーを統一で使用。厨房には、神戸のホワイトから手配したドイツ製の給湯器やガス火のトースターなどがあり、充実した設備にも当時の繁盛ぶりがうかがえる。

１９６０年代半ばになると周辺にさらに住宅が増え、喫茶店を始める人も多くなって、徐々に勢いは衰えていったという藤岡さん。初めの頃は1年で家が買えるほどの売上が立ったそうで、それが昭和町出店の元手となったそうだ。ともあれ、阪神・淡路大震災の影響もあって、ほぼ失われてしまった神戸発祥の大衆喫茶が、奇しくも大阪でしかと系譜をつないでいたとはよもや思うまじ。かつては大池橋にホワイト会館なる建物もあり、加盟店の例会や総会の会場になっていたという。現在、8店にまで店舗数は減ったものの、ホワイト会の組織は健在。今も規約に基づき、年一回の総会を開催するなど活動を継続している。

2 成長する企業のお膝元に根付いた名物喫茶

大阪において高度経済成長を支えたのは、様々な企業の発展も大きい。大阪を基盤に一代で業界の頂点を極めた松下電器とダイエーは、その代表格だが、それら企業を起点にして形成された街も市内には数多い。拡大する南部の区域において、その典型の一つに電機メーカー・シャープのお膝元として発展した阿倍野区西田辺が挙げられる。始まりは、遡ること1924年（大正13年）。東京でシャープペンシルを開発した創業者・早川徳次が、関東大震災を機に大阪に工場を移転。翌年に国産第1号鉱石ラジオ受信機の組み立てに成功し、戦後、昭和30年代に世界初のオールトランジスタ電卓の開発を経て、世界的な企業になったのはご存知の通り。それゆえ、当時は西田辺が界隈の中心的存在であり、最寄り駅の周辺に飲食店などが集まり賑わいを見せていた。

もちろん喫茶店も多かったが、その中にあって異彩を放つ一軒が《珈琲専門店 チ・ケ》だった。『1967年度版 大阪味覚地図・南』（創元社、1966年）によれば、「西田辺と言えば開けた開けたと言ってもまだ大阪の場末の新開地、地下鉄の駅を挟んで十件以上もの喫茶店がひしめいているがその中にあって、誇張して言えば宛然群鶏の一鶴の存在である」とまで言わしめた一軒だ。常連客にはシャープの社員も多く、「朝、開店前に掃除していたら、〝自分が掃除するからコーヒー淹れといて〟というお客さんもいました」とは店主の中西顕子さん。《チ・ケ》は、顕子さんの父である俊二氏が1959年（昭和34年）に創業。奥様の泉子さん共々、無類のタンゴ好きであり、店名はアルゼンチンタンゴの名曲から。スペイン語

《チ・ケ》創業者の中西俊二氏と奥様の泉子氏。「LICHT」と刻印されたサーバーは今も使われている

で粋好み・エレガントを意味するが、「本来は〃見掛け倒し〃の意味もあって、母はその方が気に入ってましたね」と振り返る。

奥行きの深い、わずか8坪の店内はカウンターのみ。重厚な空間に響くのは、レコードから流れるタンゴの調べ。メニューには〃タンゴの楽団来日公演のおりは臨休の時もあります〃とわざわざ謳っている通り、俊二氏はコンサートとあれば公演日全てに足を運び、昼夜2公演なら必ず連日両方を鑑賞。ホテルのディナーショーも初日から最終日まで行き通し、同じ食事を提供するホテル側に気遣われたとの逸話も残るほどだ。

ただ、本分はやはりコーヒーであり、かける熱意はタンゴにも勝るとも劣らない。俊二氏は終戦直後からレストランで勤め、コーヒーを学ぶべくミナミの喫茶店を渡り歩いて修業。「父がバーテンをしていた当時、常連さんに別の人がコーヒーを出したら、〃あんたのコーヒーが飲みたい〃と言われたことが、独立する自信につながったと聞いています。同じ原料、同じ抽出器具を使っても、味を差別化できるということに惹かれたのでは」と顕子さん。その修業先の中には、先記した難波の《カミン》の名もあったことから、おそらく《カーネス》のマスターにも指導を仰いだと思われる。顕子さんは小学生時代、《カーネス》に連れられて行ったことがあるそうで、「父が世話になったと聞いたのですが、薄暗く小さい店だった」との印象を残している。さらには、「《リヒト》の襟立さんと、仕事を一緒にしたことがあるとも聞きました」という、意外なつながりにも驚かされる。襟立氏に弟子がいたという話は聞かないが、店で使っているコーヒーサーバーに、“LICHT”の刻印が入ったものがあることから、親交があったと思われる。

　当時のミナミでも個性派で鳴らした両店と関わりを持つ俊二氏も、また相当なこだわりの持ち主と言える。開店当初からコーヒーオンリー。価格も1杯70円が相場のところ、最低でも１５０円、最高で４００円のコーヒーを出していたというから、推して知るべし。ただ、地下鉄が１９５２年に西田辺まで開通していたとはいえ、１９５８年まではまだ掘割のような状態で、地下鉄の上にあびこ筋が完成したのは１９６４年のこと。顕子さんも「開店した頃、店の前はほとんど人が通らなかったと聞いたことがある」というから、やはり〝大阪の新開地〟の孤高の一軒と見えたのも、無理はないかもしれない。

　それでも、店の設えはとことん考え、内装なども自ら構想を練り、１９７０年に改装して現在の店構えに。コーヒーもネルドリップ一杯立てで、濃厚なフランス風・ノアールや濃密な風味を凝縮したクレオール、エスプレッソ・ロマーノに想を得てレモンの果汁・ピールを合わせたイタリアンなど、独自の抽出法やアレンジによるコーヒーを提案。自家焙煎には着手せず、店ではあくまで抽出に専念したが、懇意の仕入れ先の焙煎担当と研究を重ね、豆の品質やブレンドにも一家言持っていた。さらに、１９６７年には駐日エルサルバドル大使館、エルサルバドル珈琲連合主催の視察団に参加して、コーヒー生産の現場も訪れている。ただ、この時はグァテマラ、メキシコ、米国の予定だったが、俊二氏は途中で単身ブエノスアイレスへ。帰国後、現地で出会ったタンゴの演奏者が来日時に店を訪れることが増え、これまでのべ１００人以上がこの店に来たと言う。

とはいえ、「タンゴ喫茶ではなくて、あくまでコーヒー専門店にタンゴがくっついてる。タンゴはこっちの押し売りみたいなものですから」と顕子さん。俊二氏も当時の新聞の取材にこのように答えている。「コーヒーとはシ好品。それは原料豆の混合ぐあいで天文学的数字に及ぶ種類が可能だ。『ところが、そのシ好品である品選びの権利をいまの喫茶店は放棄している。私らも銭もうけに走るならコーヒー屋でなしに喫茶店をします』」（『大阪新聞』１９７１年3月5日）。遠方のコーヒー好きをも引き寄せるようになった俊二氏は、「飲み終わって店を出て、角を曲がる頃に〝旨かったな〟と思わせるコーヒー」を理想としていたという。実際、顕子さんも、「父のコーヒーは余韻が残っていて、水を飲むのさえもったいないと感じたこと

《珈琲苑 水車》の店内。かつては吹き抜けにシャンデリアが下がり、照明もガラスの装飾が付いていた

があります。父が淹れたクレオールは、3日経ってもおいしかった」と言う。その味わいは、いまや叶わぬものになったが、今も変わらぬコーヒーオンリーのメニューと、静かな佇まいに、俊二氏の意思は受け継がれている。

一方、「界隈にはいまよりもっと喫茶店が多くて、小さい店が角々にあって、裏通りにもいっぱい。うちと同じ通りで3軒並んでいたこともありましたね」とは、西田辺駅前の《珈琲苑 水車》2代目・岩谷倫裕さん。岩谷さんの父親がレストランでの修業を経て、1961年、23歳にして独立開店した。ハイカラ好みの初代のイメージを体現した、2階建ての瀟洒な店構えは、贅沢な設えが随所に。かつては吹き抜けにシャンデリアが下がり、照明もガラスの装飾が付いていたという。店を奥に進むと趣向の異なる空間が現れるのは、フロアを順次拡張していったため。当初は1階が店舗で2階が住居だったが、お客が増えて2階も店に改装。住まいは裏手の長屋に移ったが、さらに拡張するため長屋の一室もフロアに変わったという変遷に、かつての盛況ぶりがうかがえる。

「シャープ本社・工場があったのは大きいですが、他にもカネボウの支社・研修所や、生命保険会社も4社あって。モーニングに始まり、夜中0時までお客さんが来てた記憶があります」と岩谷さん。近年、シャープの本社は移ってしまったが、今も社員ＯＢが訪れることがあるとか。まだ娯楽が少なかった１９６０年代は、メニューにはお酒も置いてあり、呑みに来るお客も多かった。「飲み屋の選択肢もそんなになくて、スナックの開店待ちという方も多かったですね」と岩谷さん。サイドメニューもお客の要望に応えて増え、昼の時間帯も忙しくなっていった。現在、ランチの定番になっている、鉄板で供するイタリアンスパゲティは、長年愛される看板メニュー。最盛期からすれば寂しくなった界隈で、趣向を凝らした空間と共に、今も往時の賑わいを伝える貴重な一軒だ。

　一方、阿倍野区からさらに南。大阪南港を擁する臨海工業地帯の一面も持つ住之江区の木津川河口付近に広がる北加賀屋も、大正時代から造船業で栄え、高度成長期には約2万人が働いていたといわれる。その核となったのが、１９３１年に大正区から製造拠点を移転した名村造船所だ。造船所を中心に、周辺には関連工場や倉庫が立ち並び、そこで働く人々のための住宅や商店が集積されてきた。「加賀屋は造船所のお膝元。かつては、近くに映画館やパチンコ屋などの娯楽施設もあって、大きな商店街もあるこの界隈に、造船所の関係者が流れ

《コーヒーサロン チロル》の店内。コーヒーは《大島屋》のブレンド・ハイファイコーヒーを使用

てきて。当時は近所の人だけで店はいっぱいになりました」というのは、《コーヒーサロン チロル》の創業者・岡島常晃さん。元々はビール会社に勤めていたが、コーヒー好きが高じて、1964年、弱冠20歳の時に粉浜で創業。その後、我孫子道へ移り、北加賀屋に移転してきた。「粉浜時代は8坪ほどでしたが、店にジュークボックスも置いていて、それこそ家一軒が建つほどの繁盛ぶりでした」と振り返る。その頃から、北加賀屋も喫茶店激戦区であり、かつて店の目の前には《ニューホワイト》もあったという。

その中にあって、レンガ造りの店構えや、鮮やかなステンドグラスなど、教会を思わせる店内は、喫茶店ひしめく界隈でも異彩を放つ重厚感。「当時は山小屋風のレンガ造りの店構えが流行っていて、資金はかかりましたが、この辺にはない感じの店を目指してました」という重厚な空間は、若い頃、岡島さんが抱いたヨーロッパへの憧れを形にしたものだ。とはいえ、娘の板本美穂さんも加えた家族で切り盛りする店は、挨拶代わりの「まいどー」の声が響く、飾らない雰囲気。日々馴染みの顔が集まる地元の拠り所として、中には三代で通う常連もいるとか。

美穂さん曰く「父は絵にかいたような頑固マスター（笑）。でもこの店の味で育ったから、これが一番おいしい」というコーヒーは、１９４８年に創業した西区の焙煎卸業者《大島屋》のオリジナルブレンドを粉浜時代から使用。《大島屋》社長と岡島さんとは懇意の間柄でもあり、音楽をイメージした名物ブレンド・ハイファイコーヒーのロゴマークとコピーは岡島さんが考案したそう。軽やかな酸味とすっきりした後味、飽きのこない味わいも、長年、支持を得る所以だ。また、ふっくらした厚焼きの玉子が人気のミックスサンドやホットサンドなど、ボリュームたっぷりの軽食やモーニングも充実。「喫茶店は、昔は都会のオアシス、娯楽施設みたいな一面がありました。最大の娯楽は映画で、チロルでも映写機を付けて上映していたこともありました」と振り返る岡島さん。美穂さんも学生時代、多くの喫茶店を巡ったそうだが、「いまのチェーン系カフェのような紋切り型の店は誰も行かなかった。セルフサービスとか信じられないという感じで。店を流行らせるにはコーヒーだけではない、個性が必要だった」と振り返る。

１９８８年、名村造船所が製造拠点を移したことで、界隈はすっかり変貌してしまったが、造船所跡地は、クリエイティブセンター大阪に改装。北加賀屋はアートの街として新たな街のカラーが浸透しつつある。「大変な時期もありましたが、今になって、遠方からもいろんな人が来てくれるようになりました。時代が変わっても喫茶店自体は姿かたちを変えながら残っていくはず」という美穂さん。店内は家具調度も直しつつ、創業からそのまま。今では若い純喫茶ファンも魅了する意匠を凝らした設え、職人気質のマスターと気配り上手の美穂さんの心映えに、初めてでも思わず心和む一軒だ。

3　黄金期を迎えた大阪のコーヒー業界

「大阪南部に喫茶店が多いのは、下町で住宅が密集して、近隣客が多いからでは？　大阪は商売の町やから、みんな喫茶店を始めたと思う」。「石を投げたら喫茶店に当たるくらい多くて、しかもどこも流行っていた」。「１９７０年代までには、店のある１５０ｍほどの筋に10件ほどの喫茶店が立ち並んだ。ジャズ喫茶やロック喫茶、歌声喫茶といった音楽系も多かった」。この時代を知る喫茶店主の口からは、こうした話がたびたび聞かれたが、実際、《ハマヤ》の堀さんによれば、「１９６０年代には業務用卸はすごく儲かる商売でした。喫茶店は脱サラして始める人も多く、やがてビルや家を建てるオーナーもいました。喫茶店は１日１～３キロの豆を使えば生活できると言われて、利幅がすごく高く、いかに儲かったかということを示しています」というから、決して誇張ではないようだ。

戦後から急増する喫茶店と共に、新たに創業する焙煎卸業者も増えていた。終戦後から1950年代にかけては、1950年（昭和25年）に上島珈琲貿易から独立した《山本珈琲》、《マツヤ珈琲》をはじめ、1948年に《旭珈琲》《大島屋》、1949年に《花田コーヒ》、1950年に《島野珈琲》、1951年に《福田珈琲》と、相次いで創業。西区に拠点を置く会社が多く、近隣の同業で通称〝新町倶楽部〟と称して、密な付き合いがあったという。同時に、1960年にコーヒー生豆の輸入が全面自由化、翌年にはインスタントコーヒーの輸入が完全自由化、1963年にレギュラーコーヒー輸入自由化と、コーヒーを取り巻く状況も大きく変わった。とりわけ、インスタントコーヒーは輸入自由化を機に、食料品店を通じて直接、家庭に届いたことで一気に普及した。これに対応して、コーヒー業界も組織を見直す動きが出てきた。当時、コーヒーの輸入、生豆卸、焙煎卸の3部門を統括していた全日本珈琲協会は、戦前の統制時代に業界の一体化を意図したもので、自由化の後は各業界がそれぞれの問題に対処する必要があった。

この変化に、いち早く一石を投じたのも大阪のコーヒー業界だった。自由化により3つの業界によって利害が異なることに対して、協会が調整機能を欠いているとして、大阪珈琲商工業組合は1961年、組合を改組し全日本珈琲協会を脱退。新たに大阪珈琲焙煎業協同組合を発足した。これを契機に、1963年、焙煎部会が独立して全日本珈琲商工業協同組合連合会を結成し、1965年に現在の全日本コーヒー商工組合連合会に改組。続いて輸入部会、生豆部会も相次いで脱退し新協会を設立した。

また、中小零細企業が多いコーヒー焙煎卸業界は、近代化に非常に遅れが目立っていたことから、合理化を推進するため1968年に『中小企業近代化促進法』（近促法）の業種指定を受ける。当時のレギュラーコーヒーメーカーの企業数は全国で約300といわれ、数%の大手メーカーと10%の中企業（従業員50人以上299人未満）、その他小企業に分けられた。その小企業のうち90%が従業員50人以下、さらに50%が従業員9人未満の企業を占めていた（『酒類食品統計月報12（9）』日刊経済新聞社、1970年）。この近促法を受けて、昔ながらの商法からの脱皮の道を模索し始める。ここでも全国に先駆けたのは関西・大阪で、2つの共同焙煎工場の建設が進められた。1971年、大阪の《ジャイアント商会》、京都の《小川珈琲》などに住友商事、三井物産を加えた12〜13社が共同出資で、共同焙煎受託会社の（株）ユニオンロースターズの工場が操業。大大阪珈琲商工組合でも、加盟業者が大阪第一コーヒー協業組合を作り共同焙煎工場を建設。大大阪時代は過ぎ去ったとはいえ、大阪のコーヒー業界はいまだ大きな存在感を持っていた。

コーヒー業界が大きく動いた1960年代、当時、最も後発で参入した焙煎卸業者《タイガー珈琲》の成り立ちから、大阪の喫茶店事情を見てみよう。創業者の檜垣茂市氏と犬童逸士氏は、元は乳製品・食料品を扱う大手乳業会社の代理店に勤務していた先輩・後輩の間柄。当時2人が所属したコーヒー部門は、他に比べて利潤の良い商売ができたにも関わらず、あまり良い扱いを受けていなかったという。同時期にはコーヒーと同じく、アメリカの乳製品も輸入自由化が迫り、代理店の吸収合併も囁かれたことから、2人は相次いで退職し、1965年、東成区今里で独立創業。檜垣氏が営業、犬童氏が焙煎を担当し、当初は総勢4人の社員がフル回転で営業に駆け回り、軌道に乗るまで5年を要したという。

当時はまさに喫茶店の出店最盛期。1969年には《タイガー珈琲》だけで、1ヶ月に22件の新規取引を獲得するほどだった。「家庭ではインスタントコーヒーがほとんどだった時代、喫茶店でおいしいコーヒーを飲むのが一種の娯楽でもあった。今まで、お店のオリジナルブレンドは山ほど作りました。大変だったけど、もしかしたら日本一多いのでは（笑）」と語ってくれたのは、2代目社長の檜垣良市さん。卸先は大阪の南・東側に多くなっていき、特に天王寺から南側に老舗が多く、数も多かったという。「その頃の喫茶店は湯を沸かす暇もないくらい、とにかく流行った。開店するのも個人店がほとんど。大阪人の意識として、画一的なサービスを嫌う傾向があったのかもしれません。1年ほど東京に研修でいましたが、大阪の喫茶店はやっぱりキャラが濃いです（笑）」と良市さん。ランチや軽食を置く店が圧倒的に多いなかで、この頃からコーヒーを主体にする店も増え、10〜20杯のネルドリップが主流だった当時、サイフォンを使って専門店として差別化を図っていた。休日のお出かけ先として、学生や家族連れが喫茶店を訪れるため、意外にも夏場に卸の注文が増えたそうだ。

　ちなみに、印象的な屋号の由来については、「父に聞いたら、初期には老舗焙煎卸《ジャイアント商会》の豆を焙煎の参考にしていたそうで、ジャイアント＝プロ野球の巨人軍になぞらえて、追いつけ追い越せと言う意味で、自身がファンでもあった阪神タイガースを意識したようです」とのこと。１９８５年にタイガースが日本一になった時には、黄と黒の営業車を路上で見て声をかけてきた阪神ファンとの新規取引もあったとか。焙煎卸の最激戦区の大阪で存在感を示すには、これくらいのインパクトが必要だったのかもしれない。かつては営業合戦が熾烈を極めた時期もあったが、混合焙煎のブレンドがほとんどだった創業当初から、単品焙煎のアフターミックスにこだわり、小さな個人経営の喫茶店を中心に細やかな味作りを貫いたことで信頼を積み重ねてきた。後年、創業者の２人は「取引先が３０００、売上15億だから、平均すれば１件当たり５万の小さな商売だが、だからこそ今日まで生き残」（『21世紀をになう成長企業』ＪＤＣ、１９９２年）ることができた、と述懐している。数多の焙煎卸と喫茶店の網の目のようなつながりも、喫茶店数日本一を続ける一つの理由だろう。

ところで、こうした焙煎卸業者の競争を加速させた要因の一つとして、１９５５年頃から始まった〝貸しミル販売〟がある。これは、焙煎卸業者による、卸先の開業支援の一環で、取引に付随したサービスとして無料でミルを貸与するというもの。いわば、豆の購入に対する〝おまけ〟というわけだが、やがてミルばかりでなく、店の建築から一切を請け負う例も現れるなど、焙煎卸業者によるサービス合戦は年々、激しさを増していった。現在も喫茶店の店先で見かける、様々な業者のロゴマーク入り看板は、当時の活況を今に伝える痕跡だ。

当時、そのミルを製造していた「富士珈機販売株式会社」の2代目社長・松本正吉氏によると、「この頃から、大阪特有の過当競争がスタート。貸しミル販売が始まりました。『喫茶店にミルを置くこと、反対。コーヒーは粉にして売って利益を生む。ミルを置くことは、自分の首を絞めるようなもんや！』という意見が多数ありました。これら貸しミル競争は大阪特有のもの、と説明する人もいましたが、東京の業者には信じられないほどの激しさだったのでしょう」と語っている（『珈琲の機械屋』富士珈機、２０２１年）。《ＭＪＢ珈琲店》の秋山悟堂氏の回顧によれば、戦前はたいていの喫茶店が粗挽きした豆を仕入れていて、豆を挽いてすぐに淹れる店が現れたのは戦後のことと語っているから、この頃でも〝豆は挽いて納品されるもの〟という慣習は根強かったかもしれない。ただ卸側からすれば貸しミルの貸与と言いながら贈与とほぼ同義であり、その分の利幅の圧迫も反対の理由だったのではと推察される。

ここで少し話を遡ると、《ブラジレイロ》機械部にいた寺本豊彦氏が戦後に立ち上げた「富士珈琲機械製作所」は、１９５１年、社運をかけて初のオリジナル電動ミル・№51を完成。大阪にも販路を拡大するべく、１９５３年に日本橋に大阪支店を展開した。代理店には、戦前からの大手だった《ジャイアント商会》《ハマヤ》、同じ日本橋の《花田珈琲》、京都の《福井大洋堂》、神戸の《石光商事》などの名があった。ちなみに、松本氏が30キロのミルを担いで初めて大阪へ赴いた時、最初の購入者になったのは、駅に着いて偶然、声をかけられた大衆喫茶チェーン《日本一喫茶》のマスターだった由。おかげで20台を売ったと語っている。

それから2年後に、大阪支店とは別法人の「富士珈機販売株式会社」が設立。東京のブラザーカンパニーとして「FUJI」の使用を認められたが、会社を区別するために取得した「FUJI ROYAL」の商標が、ブランドとして今に続いている。ところが、１９６０年に、東京の「富士珈琲機械製作所」社長・寺本豊彦氏が急逝。業容の縮小を受けて、半ば独立するような形で松本氏が大阪の「富士珈機販売株式会社」社長に就任。貸しミル競争は、この頃に起こり始めたものだ。とはいえ、メーカー視点で見れば、貸しミル競争があったからこそ、「富士珈機販売株式会社」は危機を免れたという一面もあった。１９６４年には、大阪で独自のミルの開発に着手し、1年かけて新たな主力製品の電動ミル「Ｒ－４４０」の自社製造に成功。軽量でパワーがあり、モーターも焼けず、値段もずっと安いミルとして爆発的な人気を博した。実はそれまで、ミルの販売では利益が出ていなかったが、これを機に収支が大きく黒字に転換したという。

　こうした競争も働き、出店が増えるにつれて、喫茶店、コーヒーは生活の一部として浸透していった。当時の《ジャイアント商会》専務・稲井理助氏は、業界紙の取材に答えて、時代の移り変わりをこう語っている。「戦前はね、いうなれば百貨店の食堂や、レストランの料理のサービスとしてコーヒーが出されていたのが殆どでね。愛好家という人達は今ほど目立たなかったですね。そのサービスで出されていたコーヒーがそのものだけでのまれるようになって、喫茶店やコーヒースタンドが続々できたのは戦後ですね。もっとも現在でも喫茶店はムードを好む人達の世界であって、コーヒーマニアといわれる人達はむしろコーヒースタンドやコーヒーショップを利用していますね（略）日本人の作ったコーヒーがこれだけ伸びているという自信は大いにもっていいと云えますよ」（『食品と科学5（2）（46）』食品と科学社、１９６３年）。

　爆発的に伸長する喫茶店業界では、《ＭＪＢ珈琲店》の秋山悟堂氏が、１９６０年から大阪喫茶店連盟の理事長に就任。業界の取りまとめに精力的に取り組んでいた。この頃、秋山氏自身も、１９６０年、上本町6丁目に2号店、１９６９年、淀屋橋に3号店をオープンするなど、市内で業容を広げていた。その秋山氏の功績の一つとして、１９６３年から喫茶店

1963年から1977年まで発行された
大阪喫茶店連盟PR誌『喫茶大阪』

連盟のＰＲ誌として創刊した『喫茶大阪』の編集・発行が挙げられる。

制作の趣旨を、秋山氏はこのように語っている。「『喫茶大阪』の編集・発行にいまだ若き情熱を傾けているのも、珈琲の普及、業界の発展に少しでも役立てば、と思うからである。後に続く人のために、喫茶店経営上少しでもプラスになることを、私の生きている間に書き残しておきたい、と思うからである」（『喫茶店を経営して40年』明日香出版社、１９７６年）。

残念ながら筆者は現物を見かけたことはなく、知る限りでは、唯一、大阪市の図書館にまとまって寄贈されたものが残されているのみだった。Ａ６サイズ、単色カラーの月刊誌には、毎回、秋山氏が戦前からの実践を通じて得た喫茶店の経営やサービス業のノウハウ、コーヒーの知識、回顧談などが披瀝され、執筆陣も業界関係者のみならず、俳優・岩下志麻、作家・安岡章太郎、郷土史家・高橋敬蔵、放送作家・新野新をはじめ詩人、随筆家、写真家、俳優、新聞論説委員、経営コンサルタント、建築プランナーなど多岐にわたっている。とりわけ、新年の企画では特別座談会なども掲載され、例えば１９６６年の出席者は、詩人・随筆家の清水正一、京都の《フランソア喫茶店》創業者・立野正一、《コーヒー専門店 チ・ケ》中西俊二、大阪木村コーヒー店取締役・柴田博一。1967年は、神戸の《にしむら珈琲店》創業者・川瀬喜代子、《丸福珈琲店》伊吹貞雄、《日本珈琲貿易》専務・武田佳次、商業デザイナー・柳 三郎といった面々。いまや、京阪神を代表する老舗が顔を揃え、忌憚なく意見を交わしている誌面は、今となっては貴重な記録だ。

判型は小さいながらも、びっしりと詰まったバラエティに富んだコンテンツは、喫茶店に関わる人々のよき参考書であり、当時として稀有な喫茶業界誌として、愛読する店主も多かったという。また、戦前の記憶も鮮やかで、大正～昭和初期の喫茶店事情を伝える貴重な資料であり、関係者ならずとも、今もって読み物として十分楽しめる内容だ。秋山氏は、14年におよぶ『喫茶大阪』の制作・寄稿を元に、数冊の書籍まで刊行しているが、店以外の仕事に取り組んできたのは、ひとえに、一般大衆へのコーヒーの普及、業界全体の発展を心底から考えてのことだった。「自身の創意工夫を具体化することが必要なのはいうまでもない。が、もう一歩踏み込んで、自分たちの喫茶店経営にとって好ましい社会状況を自分たちの手で作りだしていくことも必要である。好ましい状況の到来を待つ受動的な姿勢ではなく、こちらから好ましい状況を開拓していく能動的な姿勢が必要である。その結果、周囲に好ましい状況ができれば、それだけ自店の繁栄も容易になる」（『喫茶店を経営して40年』同前）。『喫茶大阪』の誌面には、大阪の喫茶店業界を陰に日向に支えた秋山氏が託した意志が、随所に満ちている。

４　街を変貌させた大阪万博のインパクト

大阪ひいては関西にとって、１９７０年（昭和45年）は万国博覧会と共に記憶されるエポックメイキングな年だ。千里丘陵での万国博覧会の開催が確定したのは１９６５年。すでに、大阪では巨大な開発事業が本格的に進行していた。１９６６年、政令指定都市となった大阪市が万博関連事業として取り組んだのは、新御堂筋線をはじめとした幹線道路建設、地下鉄の新設拡充、ターミナル周辺の市街地改造など多岐にわたった。

１９６５年に阪神高速道路大阪1号線が開通し、１９６９年の市電廃止と共に地下鉄網は1～6号まで延伸。街の中心部にまだ多く残っていた木造家屋は、ほぼ一掃されて高層ビルが立ち並び、梅田・難波のターミナルには初の地下街が出現。郊外では、日本最初のマンモス団地・千里ニュータウンをはじめ、鉄筋コンクリート造の公団・公営の団地住宅があちこちに広がり、通勤電車で通う人々がほとんどを占めるようになった。戦前の内国勧業博覧会がそうだったように、1970年の万国博覧会は大規模開発の格好の契機となり、わずか3、4年で大阪の街は一変した。万国博覧会自体も史上空前の規模となり、海外から92の国や地域が参加。入場者は予想をはるかに上回り、海外からの来観者170万人を含む、6421万人余に達した。

まさに万博一色に染まった70年代は、喫茶店も開店ラッシュが続いた。全国的に見ると、1960年代に4万軒を突破し、1976年の通産省の『商業統計調査』によると、全国の喫茶店の店舗数は10万の大台を超える伸びを見せている。業界専門誌まで登場し、当時の退職金くらいで手軽に出店できたこともあって、定年後に店を始める人も爆発的に増えた。1966年から1976年までの10年間で、喫茶店は外食産業の中でも店舗数、売上高とも群を抜いて大きな伸びを示した。ちなみに、1969年には、獅子文六による稀有なコーヒー小説『コーヒーと恋愛（可否道）』が刊行されているが、コーヒーを偏愛する登場人物に凝り性な日本人の気質を映した本作は、すでにコーヒーが日常の様々な場面に深く浸透したことを示している。

万博を機に大きく姿を変えたエリアの一つが大阪駅周辺だ。キタ一帯で大規模な市街地の整理が進み、周辺の店舗の一部は1970年に市が建設した大阪駅前ビルに収用された。戦後まもなく名曲喫茶として開業した《マヅラ》も、その中の一軒としてビル内に移転。すで

《マヅラ》のスペイシーな店内。入口で来客を迎える劉さんは名物店主として親しまれた

に音楽が家庭で普及していた当時、創業者の劉盛森氏は名曲喫茶に代わるコンセプトを考えていた。そこで着想したのが、１９６１年、旧ソ連の宇宙飛行士・ガガーリンによる世界初の有人宇宙飛行。「夢や楽しさがないと、コーヒーを飲むにもおいしくないでしょう」と、壮大な宇宙のイメージを現出させた１００坪もの広大なフロアは、万博当時の時代の高揚感を体現しているかのようだ。

「地球は青かった」というガガーリンの言葉から、一面を群青色に染めた天井には、クレーターを模した凹凸があり、吊り下がった無数の電球が輝く星を、壁や柱の鏡が宇宙の無限の広がりを表現。同心円状に広がるフロアに、曲線を基調とした椅子やテーブルを配した、モダンでスペイシーな空間は、まさに唯一無二の憩いの場だ。当初、奥に併設していたバーのフロアだけ趣が全く異なるのは、ビルの建設自体が１９６９年と70年に分かれ、ちょうどその境目に当っていたためで、ビル完成後に１フロアにつなげて今の

《マヅラ》の姉妹店《King of Kings》

形になった。「設計者は同じなんですが、1年で流行が変わってしまったのは、やはり70年の万博の影響が大きいと思います。駅前ビルに移った頃は、街自体が大きく姿を変えた時期。特にメインの空間は、今までの薄暗い喫茶店のイメージを覆したもので、友達を呼んだら〝明るすぎる!〟と驚いていました(笑)」とは、先記した劉由紀さん。1970年には、《マヅラ》のバーを広げるため、同ビル内に新たに姉妹店として《King of Kings》を開店。すでに契約していた英国のオールド・パーの宣伝店でもあり、昼はカフェラウンジ・バーとして営業。こちらは一転して、モザイクタイルガラスで描かれた色鮮やかなステンドグラスが映える優雅な空間で、グランドピアノの生演奏も楽しめ、洗練された雰囲気を醸し出している。

由紀さんによれば、駅前ビルができた当時は、喫茶店が花形業態だったそうで、ほとんどが個人経営の店だった。「おしゃべりに来る人が多かったですね。娯楽も少なかったから、おしゃべりが日常の娯楽。みんな楽しそうにしゃべっていました。コーヒー一杯で何時間も粘る方もいましたし、喫茶店に来ることが楽しみの一つになっていたのでは」と振り返る。移転後、父の盛森氏は、入口に立ってお客を迎え入れるのが常で、毎日７００人は来るというお客と顔を合わせてきた。「店先でお客さんを送迎するのが店主の務め。お客さんがあってできた店だから。儲けより歓迎することに力を入れたい。歴史が長いから、振り返れば、あの方はあの頃、この方はあの頃によく来てくれたな、というのが思い出されます。何十年もの間に時代、時代のお客さんがいて、自分の人生がそこに溶け込んでいるのが嬉しい。ただただ感謝の念しかない。だから続けられる。エブリデー、店に立ってるよ」と、楽しげに話していた姿が思い出される。

名物マスターとして親しまれた盛森氏は２０２３年、１０２歳という長寿を全うし逝去。由紀さんは生前の姿をこう語る。「父はとにかく目の前のことに集中して、自分にできないことには執着せず、次にできることを常に考えていました。店にいる時は店のことだけ集中して考えていたから、長く続けられたと思います」。今では梅田の名所としても親しまれるここは、常々〝お客への恩返し〟を念頭に置き続けた、先代の遺志の結晶だ。

開発が進む当時の梅田周辺では、駅前ビルのみならず喫茶店の開業が相次いだ。東梅田駅に直結するビル地下で１９７３年にオープンした《喫茶サンシャイン》も、その中の一軒だった。開店当時の界隈は、まだビルが立ち並ぶ以前の牧歌的な風景が残っていたという。「まだ駅前ビル第２が工事中で、第３・４はまだなく、地下鉄谷町線もまだ全線開通してませんでした。それまで大阪駅前には、後に箕面に移転する繊維問屋街があって、西梅田辺りから商店街が延びていました。目立つ建物は阪急・阪神の百貨店くらい。他はほぼ平屋でしたね」とは、創業者の橋崎光男さん。郷里の石川県から、妻の姉夫婦が営む大阪の豆腐店の経営に携わったが、家族の負担も大きく、「長く続けられる商売を」と、当時、隆盛を迎えていた喫茶店へと転身した。その頃、《サンシャイン》が入居するビルに5軒、隣接するOSビルに2軒、安田信託ビルに5軒と、3棟のビルに喫茶店12軒が密集。「うちは後発で、テナントの空きがここしかなくて。それだけの数があっても、どこもお客さんで賑わってました」と振り返る。

当初はスパゲティやピラフなども提供していたが、2年後、内装を変えたのを機に純喫茶的なメニューにシフト。「周りが自家焙煎をしてなかったから、コーヒーを店の売りものに」と、同時に自家焙煎も始めた。その指導を受けたのが、豆を仕入れていた《ジャイアント商会》。「先輩が仕入れていた縁で知って、その頃はバーテンの手配やミル、看板などのサポートも厚かったですね。豆の質にもこだわり、ブレンドもロブスタの配合を10%くらいに抑えていました」。

抽出も最初はコーヒー・アーンを使っていたがロスが多く、「お客さんも舌が肥えていて、作り置きには厳しかった」と、1杯ずつ淹れたてを提供すべくスイスのマクロ社製のドリップマシンを導入。ゴルフ場のレストハウスでマシンを見たのがきっかけだそうだが、当時は車1台に匹敵するほどの価格で、界隈ではホテルで使っているくらいだったという。それでも、人手もかからず、味もブレないマシンの思い切った導入で、コーヒーの味わいに定評を得ていった。

ビル内という立地もあって、特定の会社からのお客がよく訪れ、掛け払いでまとめて精算することも多かった。その流れは今もあり、例えば、近隣で催事やイベントがある時などは休憩所としても利用され、予めコーヒーチケットを用意し、関係者のシフトに合わせて席を確保するといった要望にも応えている。また、かつては会議などのたびに１００単位の注文が入ることも珍しくなかった。その中で工夫を凝らしたのがミックスジュースのレシピ。時間が経って色が黒ずんでくるのを防ぐため、バナナを使わず、代わりに練乳で甘みを足した独特の味わいで、人気メニューの一つとなっている。90年代には、再び食事やデザートのメニューが増え、ランチも始めるが、これも近隣の会社の食堂がなくなったタイミングに合わせたもの。商業地域の喫茶店では、地域の会社や常連と密接なつながりを持つ店も多く、オーナー自身が店に立ち、変化に応じた細やかな工夫が長く続く秘訣の一つと言える。

キタ・ミナミのターミナルでは、街の広がりは地上のみならず地下にまでおよんだ。すでに、１９５７年に、日本初の本格的地下街としてナンバ地下センターが現れ、１９７０年には虹のまち（現・なんばウォーク）が開業している。梅田にも、1963年にウメダ地下街センター（現・ホワイティ梅田）が誕生。通称〝ウメチカ〟と呼ばれた繁華街に1972年、1号店をオープンしたのが《蘭館珈琲ハウス》だ。社長の鎌田幸雄さんは、「その頃、アメリカからマクドナルドやミスタードーナツが上陸して、日本でも食が欧米化していく感覚がありました。だから、コーヒーを飲む人もこれから増えるだろうと思ったんです」と、創業の動機を語っている。

先記した通り、開業にあたって鎌田さんは、かねて交流のあった大阪のコーヒー名人・襟立博保氏を技術顧問に迎える。《なんち》を辞めて以降は、襟立氏は体調が思わしくないこともあり、自宅で焙煎した豆を配達、販売していたという。鎌田さんは、「学生の頃から襟立さんの店に通っていた人は珍しかった。たまたまウマが合って、店に通い始めて10年の付き合いになっていたから、お願いするのは難しいことではなかった。なにせ本人が店をやってないですから」と振り返る。《蘭館珈琲ハウス》は、全国の百貨店などテナントを中心に最大で16店を展開。往時は時折、襟立氏が売場に顔を見せることもあり、〝こんなとこにコーヒーの神様がいる！〟と驚くお客もいたそうだ。

襟立氏は、週に1、2回ほど焙煎指導に訪れたが、「手取り足取りというよりは、見て覚えろというタイプでした。常々、〝豆を真っ黒けにしてたらあかんわ〟とぼやいていました。暗に〝きれいに中まで焼けてない〟と言いたかったんでしょうね。建築家の気質もあってか、やはり理屈ぽいところはありました」と鎌田さん。この頃、原料の生豆の質も変わりはじめ、戦前は数年たったオールドクロップ、いわゆる枯れ豆がほとんどだったが、戦後はニュークロップの豆が入るようになり、豆の水分をうまく抜く技術が難しくなっていたという。ただ襟立氏は、この問題を解決するため、以前から焙煎機メーカーと意見交換しながら、赤外線装置を取り付けた独自の焙煎機を考案。《蘭館珈琲ハウス》に入る前には、すでに特許を取っていたという。「強火で表面だけ焼くと中が生焼け、弱火で長時間焼くと表面が焦げる。これを解決し、うまく水分を抜くための装置は、やはり理系の考え方が生かされていたのではと思います」。

焙煎だけでなく、コーヒーの淹れ方も《なんち》流を継承。現在はアレンジを加え、ネルドリップの2杯立てで抽出。かつては、ネルの形状は三角錐が多かったそうだが、襟立氏は球状のネルを使っていたという。襟立氏が《蘭館珈琲ハウス》に在籍したのは3、4年ほど。病気で亡くなるまでの最後の仕事の場であり、直接指導する店は他にはなかった。これは想像に過ぎないが、「昔、〝敗戦国が旨いコーヒー飲むとはけしからん〟と言う人もあったけど、何を言うとるんやと。今まで我慢してきたんやから、旨いのを飲みたかったんですよ」と語る鎌田さんの意気に、襟立氏も感じ入るところがあったのかもしれない。

襟立氏に直接師事した店は吉祥寺《もか》や岡山《倉敷珈琲館》のほか、《蘭館珈琲ハウス》で襟立氏を支えた桜井美佐子さんが、1994年に独立し東京港区で《ダフニ》を開業している。また、《蘭館珈琲ハウス》で3年の修業を経験し、2008年に西宮で《廣屋珈琲店》を開いた廣井知亨さんも、間接的にその系譜を継ぐ一人。2018年に大阪府箕面に移転した今も、襟立氏が考案した焙煎機を駆使し、独自のネルドリップコーヒーを追求している。

一方、大阪の商業の中心・船場に目を向けると、昔ながらの中小の商店・問屋が建て込んでいたため、高速道路の建設計画が滞っていた。立ち退きの余地もなく、極めて難しい状況をひっくり返したのは、高架道路を通した下にビルを建設するという、前代未聞のアイデアだった。1970年、稀有な構想から、船場のど真ん中を東西に横たわる、総延長1km近い〝日本一長いビル〟・船場センタービルが誕生。御堂筋と堺筋に直交して、2～4階建てのビルが10棟連なり、屋上には12車線の高速道路、両側に4車線の平面道路、直下に地下鉄が走る、世界的にも珍しい構造で、界隈の人々の度肝を抜いた。ビル内には、テナントとして繊維卸を中心に商社・店舗約800社が入居。1つの街に匹敵する規模を持つビルの出現によって、問屋街の街並みは一気に様変わりした。

船場センタービルの地下1・2階の一部は飲食店街が連なり、和洋中の店、居酒屋などと

マコちゃんの意匠が目を引く《スカーレット》

共に喫茶店も数多く、仕入れ客や打ち合わせの商社マンの姿が絶えない。「今はビル内の喫茶店は半分以下になりましたが、以前はうちが入っているブロックだけで喫茶店が7店あって。一人で5店舗持つオーナーさんもいたと聞きます」とは、船場センタービルの竣工と共に開店した《スカーレット》の2代目店主・安延一郎太さん。元々は金属技師だったが、初代の店主夫婦と縁があって、わざわざ喫茶専門学校にまで通って、店を引き継いだ。

初代店主はハイカラ気質だったようで、ここでは開店当初から、コーヒーの抽出はエスプレッソマシンを使用。「神戸から仕入れたと聞いてますが、当時、車一台買えるくらいのマシンで、他にない貴重品。すごくラッキーな時に継がせてもらいましたね」と安延さん。現在のイタリア・Victoria Arduino社製のマシンは3代目で、20年以上使い続けた先代のGAGGIA社製マシンは、当時、関西で一台現存するのみだったそう。とはいえ、すでに交換部品がなく、「レバーのバネは知り合いのバネ屋に作ってもらったし、替刃も運良く合うのがあったから良かった」とメンテナンスには苦労したようだ。ひょっとすると大阪の街場の喫茶店で初めて出されたかも知れないエスプレッソ。いまや当り前になったが、開店当時、本場を知る人など一握りだっただろう。それゆえ、当初からオーダーは〝ブレンド〟で通してきた。「ブレンド、アメリカンが全盛の頃やから、〝エスプレッソって何やねん？〟って言われたらややこしいし、話が長くなるから（笑）。初めはけったいなコーヒーやと思われたけど、飲み慣れると〝コクがあってええな〟と言って、10年以上通う人もいますよ」と、当の安延さんも大らかに構えていたようだ。

入口の脇の小窓から煙草の販売も兼ねた、いかにもオフィス街仕様の店構えだが、店内は細長いカウンターに緑色のスツール、ステンドグラスの照明といったインテリアは、ビル内の店と一線を画す可憐な印象がある。何より、どこを向いても目に入る、赤い頭巾の女の子のイラストが、一層、愛らしさを増している。気になるこの子の愛称は〝マコちゃん〟。描いたのは誰あろう、あの〝マンガの神様〟・手塚治虫というから驚かされる。安延さんによれば、《スカーレット》の仕入れ先である《福田珈琲》創業者が、地元の同窓生で親交があった手塚にかねてから約束していたもので、亡くなった後に作品が発見され、〝コーヒーは黒い魔女〟のコピーと共に商標として世に出たという逸話が残る。赤頭巾の彼女がいる店の名がスカーレット（緋色）とは、偶然にしてもよくできている。

また、《福田珈琲》の創業者は、《スカーレット》の先代とも懇意だったこともあり、この店には特にマコちゃんの意匠が多く使われているそうだ。「手塚治虫の漫画で育った世代やから、ロゴが手塚の作と聞いてびっくりしました。ステンドグラスや、外の行灯もマコちゃんが入っていて嬉しかったですね。これ目当てで来る人もいはるんやけど、見ていくだけの人も多くて」と苦笑する安延さん。すでに《福田珈琲》が閉業した今では、赤頭巾の看板娘と会える数少ない一軒だ。

5　斬新な発想で大阪を風靡したＦＣチェーン

１９６５年（昭和40年）以降、喫茶店の数は年々17～19％、売上も17～29％の増加を続けていた。この頃、レギュラーコーヒーは95％が喫茶店を中心とした業務用、逆に家庭ではインスタントコーヒーが95％と、シェアがきっぱりと別れていたことから、大手焙煎企業では、家庭向け市場開拓に力を入れ始めている。テレビ、ラジオ、雑誌の広告、店頭でのデモンストレーションやコーヒー教室も活発になり、１９７１年の、抽出器具の販売量は１６１万個超、前年比37％増と劇的に普及している。

店舗数・売上高において、外食産業の中でも突出した喫茶店の伸びを支えたのは個人店だけではない。万博開催の勢いも相まって、70年代は、喫茶店の系列化やグループ化、ＦＣシステムの導入も盛んになってきた。その中には、コーヒーの焙煎卸業者や生豆卸が展開するブランドも現れている。そうした店が増えたのは、都心部ばかりではない。幹線道路が延び、郊外にマンションが立ち並ぶようになると、その１階のテナントには必ずと言っていいほど美容室と喫茶店が入っていたという。先に記した《ホワイト》をはじめ大衆喫茶が周辺住宅地にも進出し、１９７５年には、高級喫茶を打ち出した新興の《英國屋》が心斎橋に１号店をオープン。女性を意識した瀟洒な空間や食器などが話題を呼び、その後はターミナルを中心に様々なタイプの喫茶店を展開。さらに《山本珈琲》の《ｙｃ》チェーン、《クラウン珈琲》の《喫茶ケニア》など、大阪の焙煎卸業者も同時期に独自の喫茶チェーンを展開し始めた。

その中にあって、ユニークなコンセプトと個性的な店構えで一躍、支持を得たのが、《上島珈琲貿易》が展開した《珈琲専門店ＭＵＣ》チェーンだ。《上島珈琲貿易》は戦後、生豆や食料品も扱いつつ、喫茶店への焙煎卸に注力。１９５０年代も後半に入って業容を広げていた。ここから独立した社員も少なくなく、《山本珈琲》、《マツヤ珈琲》など業界の新たな担い手も輩出していた。万博開催の勢いに乗り、《上島珈琲貿易》も１９７１年、１号店の茨木店を皮切りに、直営の《MUC》の出店をスタート。「最初はモノレールの開通も見込んで、堺、茨木、東大阪と中央環状線沿いに出店して、大阪市街を中心に同心円上に広げていきました」とは3代目社長の上島淳史さん。その後は、FCでも展開を広げ、堺にオープンしたFC1号店は、蕎麦屋から転身したオーナーだったというから、当時の喫茶店人気がうかがえる。

　FCチェーンという言葉がまだ馴染みが薄かった時代、コーヒー専門店としては先駆け的存在の《MUC》は、FCで最大で100店を超えるまでに広がるが、この成長を支えたのが、後に《MUC》の代名詞ともなるオールカウンターの店作り。画期的なコンセプトの核として、今でいう〃ワンオペ〃で切り盛りできるレイアウトが基本理念にあった。「それまで喫茶店はボックス席で、厨房が奥にあるのが定番だったので、当時としては斬新でした。複雑な調理を避けたメニュー構成で、会話・接客ができるようにして、いわば街の情報ステーションを目指したんです」と上島さん。カウンターの幅は身長165㎝に合わせ設定し、固定の椅子はお客が立つと回転して元に戻るばね仕掛けで、隣に当らない背もたれの角度まで計算。あくまで、カウン

茨木に開店した《MUC》1号店

《MUC》1号店の店内。カウンターメインの斬新なスタイルで人気を博した

ターの外に出ず、作業が完結する思想が徹底されていた。カウンターの形は当初、シンプルな馬蹄形だったのが、支店が10軒を超えてからは様々な形にアレンジ。波打つような形にしてカウンターの距離を延ばし席数を増やしたり、ボックス席がない代わりにアールの大きな円卓風のスペースを端に作ったりと、バリエーションを増やしていった。

調理に手間がなく、カウンターの中で仕事が完結するぶん、コーヒーは一杯ずつ丁寧に抽出。コーヒー・アーンやサイフォンが主流の頃、ペーパードリップ一杯立てでの提供も新しい試みだった。「当時は家庭で使う器具のイメージがあり、最初は馬鹿にされたこともありましたが、均一ですっきりした味わいが出せます。サイフォン、ネルに比べて器具の管理も簡単で、常にクリーンに使えるのも良かった。大阪ではペーパー一杯立ては一番早かったと思います」と上島さん。この時からドリッパーにメリタを使っていたことで、《MUC》=メリタのイメージが定着。また、蒸留装置の原理を元にオリジナルのガラスクーラーも独自に開発し、目の前で冷やして淹れるアイスコーヒーも話題を呼んだ。また、看板ブレンドはマイルドとストロングの2本柱で男女問わず支持を得たが、特に喫茶店に女性客が珍しかった頃、マイルドブレンドをメインにして、苦いコーヒーというイメージを一新。1杯20gと豆を増量し、粗引きで抽出し、濃度がありながらすっきりした味わいを目指した。

何より、チェーン店とは思えない、重厚でデコラティブな内・外装は《ＭＵＣ》の最大の特徴。一見、趣味が前面に出た個人経営の店と思ってしまうほどだが、意に反して、これも長年使える設計思想から生まれたものだ。「壁紙、クロスは汚れると張り替えが必要ですが、木材やガラス、鏡などは意外に汚れが拭き取りやすい。漆喰は煙草の脂を吸うけど味が出る。結果的にランニングコストはいいという考え方です」。合理的な材質を選んだ結果が、ヨーロッパの宮殿をイメージした、この重厚感につながっているというわけだ。

幾重にも凝らした工夫は支持を得て、昼時などは行列ができる店もあり、1日8〜10回転することもあったとか。ＦＣの新規出店も相次ぎ、さらに店を直接、訪ねてくる開業希望者も少なくなかった。暖簾分けの形でロイヤリティを取らなかったのも、希望者が多かった理由の一つ。屋号を貸す代わりに豆を卸す、味作りのサポートもするという形で、早くに研修室を作って開業支援の体制を整えた。《ＭＵＣ》は小型ビルの1階がターゲットだったが、徐々に商業施設に出店先が変わっていったことで、カウンターにボックス席を備えた大型店《MUC Queen》ブランドも登場。午前はカウンターのみで午後からテーブルを出す混合型もあった。

実際に、両店の現場を経験したことがある、2代目社長の奥様・晃子さんはこう振り返る。

「開業希望者は、まったく商売にご縁がない方が多かったですね。それゆえ、基本的に1人で運営できるのが人気の大きな理由だったと思います。現場では出前も基本なし。お客さんと会話ができて、コーヒーも1杯立てで各々の味の個性が出せるのがいいんですね。中には、〝カウンターの中で店員さんが動いて、目の前で抽出やサービスの様子がすべて見られるのも、いいもんだ〟というお客さんもいらっしゃいました。私も店に立つようになってからは、会話のタネを仕入れるため、毎日、新聞を読むようになりました（笑）」。MUCは現在も20軒が残っているが、今もコーヒーのレシピは変わらない。50周年の時には、看板のマイルドブレンドを、マザーMUCブレンドとして販売されるなど、根強いファンがいたことを示している。

第四章

カフェブームの到来とコーヒーの進化

1990-2010

１　〝新しい街〟が牽引した大阪のカフェブーム

大阪万博の高揚を経て、変化を加速させた大阪では、１９８０年代に入ると「テレポート大阪」計画が発表され、大阪湾沿岸に先端技術、国際交易、情報通信、文化施設などを集積した新都心構想が進む。１９９０年（平成2年）に大阪市の第3次マスタープランとして「大阪市総合計画21」が策定されて以降は、アジア太平洋トレードセンター（ＡＴＣ）、関西国際空港などが、ベイサイドに相次いで開業。市街地にも超高層ビルが立ち並ぶようになった。

未曽有の好景気を背景に、１９８０年代、全国の喫茶店も全盛期を迎え、１９８１年（昭和56年）には、15万４６３０軒（総務省統計局「事業所統計調査報告書」）と、戦後のピークを示した。しかし一方で、１９８６年頃から大きく減少傾向を見せていた。地価高騰によって昔ながらの営業スタイルは難しくなり、都心部では大規模開発が進んだことも、大きく影響。１９９１年以降は、バブル崩壊によってさらに減少に拍車がかかり、喫茶店の数も急速に落ち込んだ。

それでも、代わって台頭する新しい街の動きが現れたのもこの頃だ。ここで、時を万博開催直前の1969年まで巻き戻す。賑わう心斎橋筋から御堂筋を挟んで西側に、一軒の喫茶店がオープンする。その名は《ループ》。現在、多くの若者が訪れ、大阪を代表する観光地にもなっているアメリカ村、通称〝アメ村〟誕生の、原点ともいうべき存在だ。当時の界隈は、住所でいうと南区（現・中央区）炭屋町。百貨店や商店街を擁する御堂筋の東側とは対照的に、倉庫や貸事務所ばかりが立ち並ぶ、寂しいエリアだった。もちろん商業施設や飲食店など皆無の場所が生まれ変わる、初めの一歩を刻んだのが、創業者の日限萬里子氏だ。

　歴史ある花街・島之内の芸者置屋に生まれた日限氏は、一時は家業に携わったもののすぐに退き、海外旅行に出ようとしていた時に、ひょんなことから転機が訪れる。日限氏の弟が、その時の経緯をこう記している。「のちに萬里子はこう語っていた。『車に乗っていて、夜遅くおいしく熱いコーヒーを飲めるところが欲しかったんや。見つからへんので自分で作ることにした』。世界一周する予定が、一枚の『貸事務所』という張り紙と、開通したばかりの高速道路の風景が萬里子の一生を変えてしまった」（『アメリカ村のママ 日限萬里子』小学館、2007年）。偶然、目にした貸事務所があったのは、後にアメリカ村の中心をなす三角公園の前。そこから見上げた阪神高速環状線高架に書かれていたのが「LOOP」のペンキ文字だったという。

　ほとんど手作りで仕上げた店はブルーの壁に、オレンジのパイプテーブルという、当時としてはかなりビビッドな空間に。まだマクドナルドの上陸以前、ハンバーガーやピッツァ、アップルパイなどのメニューをすべて自家製。パンは、先述した心斎橋《プランタン》で特別に仕入れ、さらには中古の焙煎機を手に入れ、コーヒーも自家焙煎で始めたという。とはいえ、当時の誰もが、カフェができるなどと思いもしなかった立地。当初は、近所にあった人気アパレルメーカー・VANの社員のほかは、お客の姿も少なかったが、大学生が訪れるようになって状況は一変。口コミで一気に評判は広がり、界隈の老若男女が集う情報交換の場として支持を得た。やがて、アメリカに渡るサーファーや音楽好きが常連となり、彼らが持ち帰った古着やレコード、雑貨なども販売するようになる。当時、日本にはまだ少なかった、本場のカルチャーに触れられる場として、さらに若者に支持を拡大。いつの間にか《ループ》は、大阪で最も先端的なスポットになっていた。

　その流れは《ループ》だけに止まらず、周辺にもアメリカンカジュアルの古着屋や輸入中古盤レコード屋などが自然に集まり、アメリカへの憧れを体現する小さな街を形成し始める。《ループ》自体は1976年に閉店したが、日限氏は新たにクラブ《パームス》を開店。1978年に、界隈の変化がニュースで取り上げられ、アメリカ村の名は一躍、全国に広まった。その後は、1982年に無印良品が、界隈で初の全国区系のブランドとして出店し、1990年代に、かつての南中学跡地を再開発した大規模商業施設・ビッグステップが誕生。

南北約５００ｍ、東西約２５０ｍのエリアに、２０００軒以上の店がひしめくアメリカ村は、大阪の流行発信地の一つとして定着していった。街を変えた発端が一軒の喫茶店だったというのは、大阪と喫茶店の親和性を体現しているかのように感じられる。

アメリカ村の誕生は、これまで御堂筋～堺筋を中心に発展してきたミナミの街を、初めて西へと広げた点で画期的な存在だった。これを契機に、新興のエリアがさらに広がる90年代は、バブル崩壊後、冬の時代に入りつつあった喫茶店に代わるカフェの台頭と歩を一にしている。全国的に見れば、その起爆剤となったのは、東京に相次いで進出したフランスの老舗カフェ。１９８９年に渋谷に登場した《ドゥマゴ パリ》を皮切りに、１９９５年には表参道に《カフェ ド フロール》、《オーバカナル》がオープン。大阪でも、１９９７年に長堀通の新たな地下街・クリスタ長堀に《カフェ ド フロール》が開店している。オープンエア、テラス席、ギャルソンといった言葉と共に、広まり始めたフランス直輸入のカフェ文化に端を発し、90年代初頭から増え始めたカフェは、瞬く間に全国に波及した。エッセイストの酒井順子さんは『ａｎａｎの嘘』（マガジンハウス、２０１７年）で、この背景に時代の「まったり化」の進行があると指摘している。居酒屋で酒を飲むよりも、「カフェで身体に良さそうなものを食べてお茶を飲む、というのが平成スタイル」として、バブル崩壊後の長期不況が日常になり、「無理せずできる範囲で楽しく」という世の空気を重ねている。気軽に人が集えて、食事も楽しめるカフェは、フランスの「カフェ」とも、従来の喫茶店とも異なる、融通無碍なあり方を指す言葉として浸透していった。

ちなみに、余談ではあるが、海外旅行が盛んになった90年代はアジアンカルチャーへの関心が高まり、第一次タピオカブームが起こったのもこの頃。一時は、カフェの中にもアジアンテイストを打ち出す店がメインストリームを形成するほどに人気を博した。とりわけ大阪では、１９７２年に中津に創業したエスニック系カフェの草分け《カンテグランデ》に端を発する、独特のチャイ文化がいち早く浸透。１９８０年代には谷町九丁目にあった《伽奈泥庵》、90年代には《チャイ工房》《ガネーシュ》といった店が続き、カフェブームの最中には《カンテグランデ》から暖簾分けしたアメリカ村の《モンスーンティールーム》など、独特のチャイ文化の流れは連綿と今に至り、根強い支持を得ている。

閑話休題。大阪において、いわゆるカフェブームと呼ばれた流行の発信地となったのが南船場エリアだ。アメリカ村から長堀通を挟んで北側に広がるこの一帯も、かつては材木商や木工店、倉庫が集まる殺風景な場所だったが、赤一色に身を包んだアーティストとして知られる浜崎健の私設美術館、１９９１年に創業した大阪発のジーンズブランド・エヴィスジーンズの開店をきっかけに徐々に注目を集め始め、90年代末に大手資本の進出で飽和状態になったアメリカ村に代わって、急激ににぎわいを増していく。界隈の変化を象徴したのが、

1996年にオープンした書店《ハックネット》。元材木倉庫だった天井の高い空間、アートやデザイン、建築などの洋書を中心にした本のセレクトと、それまでにない新たな情報発信地として、多くのクリエーターを引き寄せていった。

《ハックネット》の設計を手掛けた建築デザイナー・間宮吉彦氏も、そうしたクリエイターの一人。若い頃、草創期のアメリカ村に刺激を受け、「当時の私にとって、街場の1枚のTシャツ、1杯のコーヒーの価値観をパッケージした〝店〟という空間がたまらなく魅力的であった。その強烈な引力がわたしのデザインの進路を自然に決定づけた」(『間宮吉彦の「間」』140B、2013年)という間宮氏も、アメリカ村にあった活動拠点を、1995年に南船場へ移転。当時、カフェはもちろん、数々の店舗空間に携わり、時代の変化を体現してきたキーマンの一人だ。

　中でも、1990年代半ばに手掛けた心斎橋・鰻谷の《カフェ・コロンビア》は、大阪のカフェブームの火付け役といえる存在。人気ブティックの階下に姉妹店として誕生したカフェは、ペイント仕上げの天井にアンティークのランプシェードといった設えに、フィリップ・スタルクの最新作のチェアを配し、当時はまだ珍しかったイタリア製の本格的エスプレッソマシンでコーヒーを提供。ラフな空気感とデザイン性が同居する、〝洗練された余白〟ともいうべき空間は、瞬く間に話題を集めた。間宮氏によれば、「このカフェに刺激を受け、カフェ通いを始めた人、インテリアデザイナーに憧れた人、自らカフェを始めようと思った人、そしてこのカフェのスタイルを真似た人は後を絶たない。周辺の街には、いくつもの『カフェ・コロンビア』スタイルが出現」（『間宮吉彦の「間」』同前）。従来の喫茶店やコーヒー店と一線を画すスタイルは、新たなカフェカルチャーの到来を告げるものだった。

一方、かつての商工業地区に残る旧い建物や空き地をリノベートし、新たな空間を生み出す、南船場スタイルともいうべき店も数多く現れた。その先鞭をつけたのが、まだ界隈に人通りもまばらだった1995年に開業した、ブラッスリー・カフェ《アマーク・ド・パラディ》だ。こちらも、《ハックネット》と同じく、材木倉庫だった場所を自らの手で改装した店だが、立ち上げまでの経緯がユニークだ。創業者・佐藤裕久の自伝によれば、当時、神戸で手掛けていた店が阪神・淡路大震災で被災。開業資金がないなかで、自らもペンキ塗りを始め、店先に〝トムソーヤになってみませんか〟と大書したポスターを張り出し、ペンキ塗りのお手伝いを募集。いまや珍しくなくなったが、セルフリノベーションによる独自の店作りを先駆けて世に広めた。その3年後には、元運送会社の4階建てビルをリノベートした《CAFE GARB《ガーブ》》を開業。界隈にはこれまでなかった300席を超える大型カフェは、南船場のランドマークとしてさらなるにぎわいを呼ぶと同時に、大阪のカフェブームの代名詞的な存在として定着。いまやバルニバービグループとして、全国に店舗を展開するまでになったが、原点は手作りで作り上げた一軒の店にある。

その後も、飲食店やセレクトショップと共に、南船場には次々とカフェがオープン。店主自らインテリアを改装したり、家具が不揃いだったりと、まさに〝手作り感覚〟の空間はカフェの魅力を語る際に欠かせぬイメージとなった。やがて、ユーズド家具を生かした生活感あふれる〝癒し系〟や、「カフェ飯」と呼ばれるフードに重点を置いたスタイルなど、多岐にわたってスタイルは細分化していく。その一つが、他業種と融合したハイブリッドカフェ。今でこそ、当たり前になったが、大阪では1996年、南船場の美容室《LIM Hair》と併設された《LIM CAFE》が先駆け的存在だ。間宮吉彦氏が手掛けた空間は、2階を美容室、1階を受付とカフェとして、吹き抜けの階段でつなぐという、当時としては斬新な試みを実現。カフェの新たな可能性を発信する場としても注目を集めた。

「あの時は、南船場のあちこちがカフェだらけになったけど、お客さんはどこもいっぱい。倉庫だった場所が空き始めたこと、大きなハコが多く家賃が比較的安かったことで、いろんなジャンルからカフェに参入していた時代で、みんなが店を使い分けていました。休日には〝カフェ難民〟ができたくらいで（笑）、カフェに困ることはなかったですね」というのは、当時、《LIM CAFE》の店長を務めていた、デザイン事務所ポリフォニック代表・阪本 敦さん。《LIM Hair》の社長と懇意だったことから、《LIM CAFE》店長に就いた阪本さんだが、実は自身もこの頃、コーヒーの魅力に目覚め、雑誌のカフェ特集で自宅を改装したカフェや移動カフェといったスタイルを知り、並行して自らも自宅でカフェを始めたことがあったそうだ。

確かにこの頃、雑居ビルの一室などに小さなカフェも増えたが、阪本さんによると、当時はむしろデザイナーのネームバリューが強かったという。「間宮さんのデザインで話題だった《LIM CAFE》や《カフェ・コロンビア》のほか、森田恭道さんやデザイン集団のCafé.co、後にgraf、TRUCKなど、デザインを手掛けた人に注目が集まり、〝誰が作ったのか〟がカフェのステータスの一つになっていました。また、アパレルや雑貨店が手掛けるカフェも多く、今の〝インスタ映え〟のノリに近い、ともかくハコありきの時代でした。また、次に〝来る〟エリアはどこかということが話題になり、あちこちにカフェの集積ができていった感覚があります」。

この頃、メディアもこぞってカフェを取り上げたことで、カフェは飲食店の1ジャンルを超えて社会現象といえるまでになっていた。人気ファッション誌『Olive』では1998年に初の「カフェ・グランプリ」特集を敢行。さらに2000年に入って、雑誌におけるカフェの情報発信を牽引した『Hanako WEST』別冊の『Hanako WEST Café』も、好評を受け2005年まで毎年発行という勢いで、少なくとも関西ではまだ曖昧だったカフェのイメージを集約・定着させた印象がある。ちなみに2001年には、1970～93年まで続いた専門誌の草分け『喫茶店経営』が、『café sweets』として8年ぶりにリニューアル。同時に、往時のライバルだった旭屋出版の『喫茶&スナック』も『カフェ&レストラン』として新創刊。名物雑誌の〝復活〟のインパクトは、カフェが単なるブームを脱して本流として浸透したことを体現すると同時に、形は違えど、かつての喫茶店全盛時代の再来を予感させるものだった。

その『Hanako WEST Café』の記事にも、例えば、2001年には、《CAFÉ GARB》を手掛けた大阪のバルニバービグループと、《シュビドゥビダイニング》《ザ ワイルドバンブー》などを出店した神戸のハットトリックグループを対比して、「関西の2大カフェ勢力」として紹介。また、大阪・神戸で《S!X》《COLONIAL LIVING》《SHUHARI》などの人気カフェを手がけた、Café.co. にも大きく誌面を割いている。また、1993年からクリエイティブユニットとして活動を始めたgrafは、2000年にオフィス・ショールームにカフェ《socrates》を併設したgraf bldを中之島に設立。1997年、家具製作で始まったTRUCKも木、革、鉄などの素材を生かした家具で支持を獲得。以降、気鋭のデザイナーとしてインテリアから家具・調度まで、幅広くカフェの空間を彩ってきた。

その後、南船場が御堂筋と四ツ橋筋の間を、北へ北へとエリアを拡大していった一方で、同時進行的に姿を変えていったのがアメリカ村のさらに西側、四ツ橋筋をまたいだ堀江エリアだ。一帯は江戸時代に堀江新地として開け、木材問屋や家具製造の職人が集まり、戦後は家具の街として発展。80年代半ばから衰退傾向に向かい、1㎞ほどの通りに家具問屋が立ち並ぶ立花通りだけが、かつての家具の街の面影を残していた。立花通りは1992年にオレンジストリートと改称。若者向けのフリーマーケットの開催で話題を集めていたが、周辺は昼なお閑散とした雰囲気が漂っていた。

その頃、界隈に点在する公園の一つ、堀江公園で「このあたりに美味しいコーヒーが飲める素敵なカフェが欲しい」と考えていたのが、当時、南堀江に住んでいた、あの日限萬里子氏だった。自らが立役者となり、すでに大阪有数の商業地区として確固たる地位を占めていたアメリカ村と対照的に、寂れつつあった堀江は、かつての心斎橋・炭屋町に似たものを感じたのかもしれない。日限氏が1998年、堀江公園の前にオープンした《ミュゼ大阪》のロケーションは、かつての《ループ》に通じるものがある。

ここでも、設計を手掛けたデザイナーは間宮吉彦氏。建物全体をミュージアムに見立て、1階は街並みと公園に大きく開いたカフェ、店内のロフトにはギャラリー、屋上のペントハウスにガラス張りのサロンとテラスを備え、街の環境と一体化する街の社交場となる空間を出現させた。また、カフェのテーブルと椅子をTRUCK、サロンのカウンターチェアをgrafと、地元ゆかりのデザイナーたちが手掛けたこの店は、大阪のカフェシーンの集大成的な一軒ともいえるだろう。開放感あふれるカフェは、開店以来、堀江の新たな拠り所となり、街の雰囲気を変える存在となった。同時に界隈は出店ラッシュが始まり、家具問屋や倉庫がアパレルや飲食店に変わり、間もなく東京資本の人気ブティックやセレクトショップなどが進出。ミナミの新興エリアとして南船場と並び称されるようになった。

2　〝人が集まる価値〟を体現した稀有なカフェの記憶

アメ村、南船場、堀江。西へ、北へと拡張していくミナミの喧騒から外れた本町の南側に、この頃にぽつんと一軒、オープンしたカフェがある。１９９６年（平成8年）、〝食を通じた文化施設〟をコンセプトにして始まり、10年にわたって厚い支持を得た《コンテンツレーベルカフェ》だ。「高校時代から、カフェを開くというのは決めていました。地元の愛知にはまだカフェの〝カ〟の字もなかったですが（笑）」と振り返る創業者の奥山泰徳さん。進学を機に大阪に移り、フランス雑貨店《FOB.COOP》に勤めた後、兄が経営するイベント企画会社・ARTNIKSを手伝う中で立ち上げたのが《コンテンツレーベルカフェ》の始まりだった。「その頃はインテリアデザインが好きで、同時にイベントやアーティストの手伝いもしていたので、モノづくりに進むか、カフェに進むかは迷いました。ただ、そこまでの過程で、映画や演劇、音楽などの様々なカルチャーに触れたことで、自分が関心のあることを一つに集約できる空間を持ちたいと思ったのが、大きなきっかけ。イベントの企画もすでに携わっていて、好きな仕事ではあったし、10代でどんどん交流して、いろんなカルチャーに興味をもっていたことが、カフェという形になっていきました」と奥山さん。ここもまた、天井が高い倉庫を改装した広々とした空間で、前面ガラス張りの1階がカフェ、吹き抜けの2階ロフトにイベント・ギャラリーとして使えるスペースも備えていた。

とはいえ、店があったのは「飲食店はすぐにつぶれると言われた」というほど辺鄙な場所。それでも、奥山さんが選んだ理由は、「エリアによって客層を限定したくなかったから。糸へんの問屋街という場所性にも惹かれた」との由。実は当初、南船場にできる可能性もあったが、街の規模感が大きすぎると直感したとか。実際、年配のお客も多く、近隣の会社役員や営業マンも訪れ、肩肘張らない風通しのよさもまた、この店ならではの光景だった。「オリーブ少女やカフェ男子だけの店にしたくなくて。だから新聞も置いていたし、世代の偏りをなくしたかった。それは最後までよかったと思っています」と振り返る。

このカフェを拠点に、奥山さんは開店当初から、自ら呼びかけて数々のイベントを企画。音楽、映画などを中心に当時、各分野で注目を集めるクリエイターやアーティストを招いた名物イベント・ライブも数多い。当時、ライブができるカフェというのは少なかったが、やがてアーティスト側がブランディングのためにカフェを会場にすることが増えていったという。「カフェはハコとして小さすぎましたが、世の中の話題になってることもあって、映画や音楽のイベントをあえて小さく、シークレットでやるための宣伝の場の一つにカフェが組込まれていたと思います。これもまた、カフェ＝表現する場所として認知された一つの例では」と奥山さん。あらゆるジャンルでサブカルチャーが細分化する中で、当時はジンやフリーペーパーなどミクロな発信が花盛りだった時代。そうした情報や人との接点を担ったのがカフェであり、〝目次・ラベル〟という店名通り、ここに行けば多くのコンテンツに出合えるという期待感を発していた。

　もちろん、カフェであるからには、多くのコンテンツの中心には食があった。コーヒーは、映画で見知ったチンバリのエスプレッソマシンを使って提供。まだ日本で馴染みのなかったキッシュを看板メニューに据え、気軽に楽しめるようランチにもすべて付けて、イベント時も1ドリンクでなく〝1キッシュ〟としていた時もあるほど。それまでの喫茶店文化とは違う流れで店作りをしていた。「店作りには《FOB.COOP》での経験も反映していました。店構えはどちらかというと飾らずシンプルだったけど、デュラレックスのグラスとか、食器や雑貨一つ、音楽一つにしても準備はかなりこだわりました」と、奥山さんの目利き、関心事が端々ににじみ出る空間は、独特の大らかさを醸し出し、人が集まる場としてのカフェを体現した。大阪で求心力を広げていた《コンテンツレーベルカフェ》は、同業者からの注目も集め、先に登場した《CAFE GARB》やgraf 神戸の《トリトンカフェ》といった、店主・デザイナーからの相談を受けることもあり、「コンテンツは、カフェ店主が憧れるカフェになっていた」とは、この頃《LIM CAFE》店長だった阪本さんの弁だ。

ただ、90年代後半～2000年代前半、ブームの中でカフェという言葉が独り歩きし、店の定義については曖昧な状態だった。奥山さんも、「まだブームが来る以前、個人の感覚で店を始めたので、だんだん取材が増えていって意識し出したくらい。その時は、喫茶店とはちょっと違うぐらいのニュアンスでしかなく、取材などでも、カフェの定義をやたらと聞かれました。その後は何にでもカフェがくっついた時代で、〝カフェなマンション〟という宣伝文句もあったくらい（笑）」と振り返る。とはいえ、その現象は、とりもなおさずカフェが表現の方法の一つとして、認知されたということでもある。デザイナーが手掛けるカフェが注目を浴びたのも、その現れの一つと言えるかもしれない。その中で、独自の道を拓いた《コンテンツレーベルカフェ》は、ひと際異彩を放つ存在と言えた。それゆえ、1998年に『Olive』が企画した「カフェ・グランプリ」特集では、関西から《コンテンツレーベルカフェ》が、関東から鎌倉の《カフェ ディモンシュ》が、それぞれ人気1位を獲得している。

実際、この2店は、当時からよく比較されたが、「僕はプロデューサー的な立ち位置で、総合的な視点で店に関わってたのに対し、ディモンシュの堀内さんは基本は現場の人。時代の変化に対応しながら軸をブラさず、突き詰める姿勢がすごいんです」と奥山さんは評するが、幅広いお客を惹きつける店のあり方には相通じるものがある。

だが、街に根付きつつあった《コンテンツレーベルカフェ》は、開店10年目に起きた火災によって焼失。その後、《ミリバール》と名を改めて再開したが、奥山さんはかつての空気感とのギャップを感じたという。「今のような、SNSを通したつながり方は、かつてのカフェとは全く違うもの。逆に、いい時代に《コンテンツレーベルカフェ》をさせてもらったと思います。なくなって早や20年近くになるけど、未だにその名を聞くことがあり、結びつくことが多い。〝初デートで緊張して来ました〟とか、〝大阪で初めて参加したイベントがコンテンツでした〟とか、自分が覚えていない店の記憶を持っていてくれるのは嬉しい。その意味では、存在感があった店だったんだと感じます。今思えば、大阪の外から来て店を始めて、ある程度フラットにつながりを持てたから、街のハブになりえたのでは」と、今だからこそ感じる当時の店のあり方を振り返る。

全国的なカフェの急増は、バブル後の不況のせい云々とも言われたが、かつて〝でも・しか〟喫茶店の開業者が相次いだ時代と違うのは、店としての表現、人が集まる価値を重視していたこと。同時代を体感した阪本さんも、「90年代、みんなが行きつけのカフェを持っていて、人と人のリアルな関係がまだありました。店に立っていても〝お客さんと私〟という距離の近さがあったのは、根っこに人が集まる場でありたいという思いがあったから。奥山さんとも共通しますが、文化の発信をしたいという思いが強かった。カフェを入口にして、いろいろ見聞きしたこと、お客さんとの縁は、今の仕事にも生きています」という。奥山さんも曰く、「あれだけ多くのカフェができたのは、人と人が直に会うコミュニケーションがまだ強くあって、大切にされていたことが大きな理由だと思います。さまざまな表現者が、そこに人が集った時のパワーを必要としていたのかもしれませんね」とは、あの頃のカフェに満ちていた時代の熱量を言い得て妙だ。

アメリカ村から南船場、堀江など、この頃に広がった新たなエリアの起点として、街の顔としても存在感を発揮したカフェ。当時、関西の情報誌『Meet Regional』編集長だった江弘毅さんは、行政や資本とは無縁の街の変化をもたらした店について、端的にこう記している。「それはワンフレーズで言える。『何かやろう』という人がなんの前触れもなく突然出てきて、『自分でつくった店』を出し、そこで『自分の好きなもの』をつくったり見つけたりして、『自分で流行らせる』。その場合、ロケーションはこれもだいたいそうだが、街の中心部ではないマージナル（周縁的）なところ。比較的家賃が安くてかつ『近い』ところが選ばれる。その

『何かやろう』の人は、あらかじめ人の集まるところに店を出し、売れる（そうな）ものを置くのではない」（『街場の大阪論』バジリコ、２００９年）

3 バリスタの可能性を追求した先駆者たち

相次ぐカフェの登場の一方で、大きなインパクトを与えたのが、アメリカの《スターバックス コーヒー》の日本上陸だ。１９９６年（平成8年）に銀座に1号店を出店、大阪には１９９８年に初の支店がオープン。イタリアのエスプレッソをベースにしたコーヒーは、従来のコーヒーに新たな選択肢を加えたことで、大きな転換点となった。80年代に登場したセルフカフェとは一線を画した、メニューや空間に高い付加価値を打ち出して、女性客を中心に厚い支持を獲得。それまでコーヒー専門店には足を運ばなかった層を新たに開拓し、コーヒーそのもののイメージを劇的に変えた。《スターバックスコーヒー》は、99年には早くも全国で１００店舗を超え、以降も年１００店ペースで拡大。さらに《シアトルズベストコーヒー》《タリーズコーヒー》など外資系カフェの進出が相次ぎ、発祥地を冠した〝シアトル系カフェ〟として各地に広がっていく。

シアトル系カフェがもたらした新たなカルチャーとして脚光を浴びたのはバリスタの存在だった。コーヒーをサービスする専門職として注目を集め、専門学校で新たにバリスタのコースができたり、女性バリスタが増えたりと、コーヒーに携わる人の裾野を大きく広げた。シアトル系の台頭に加えて、２００３年に「日本スペシャルティコーヒー協会」の設立、「ジャパン バリスタチャンピオンシップ（以下ＪＢＣ）」の開催（２００１年から前身の「日本バリスタ選手権」が開催）が続き、新たなコーヒーカルチャーが急速に広がり始めた。

ところで、そもそもバリスタとは、イタリアでバールで給仕をする人を指す。日本ではコーヒー＝エスプレッソを提供する人のイメージが強いが、イタリアではコーヒーのみならずアルコールを含めたドリンク、軽食に至る知識、提供技術を備えたバリスタは、バールマンと呼ばれる。本来はイタリアのバールの仕事全般を支えるプロフェッショナルだが、シアトル系カフェの上陸によって、日本ではコーヒーに特化した狭義のバリスタのイメージが圧倒的に市民権を得た印象がある。それゆえ、今もって本場イタリアのスタイルを踏襲する生粋のバールは少ないが、大阪でいち早く現地の風を吹き込んだのが、かつて桜ノ宮にあった《BAR UNO》だ。１９９７年に創業した店主・宇野圭介氏は、店のホームページの冒頭にこう記していた。

「エスプレッソマシンのホルダーからコーヒー粉をたたき落とす。ドン、ドン、シュ

多くのファンを惹きつけた《BAR UNO》

ウッークックックとミルクのスチーム、食器がふれあう響き、イタリア人の快活な挨拶が飛び交い、大声で立ち話を楽しんでいる。バールはイタリア人にとって気軽な社交場で、毎日の生活に深く関わっているのだ。僕はナポリの港のバールで小さなグラスに抽出された濃厚なカッフェに頭を撃ち抜かれ、イタリアのバールの活気に心を奪われました。そして約1ヶ月のイタリア旅行を終えたとき、〝バール・ウーノを開こう〟と思ったのです」。

大川に架かる源八橋の袂、角地に構えた店先には、「CAFFE」の赤い看板と「ESPRESSO」の黄色い看板。約10坪の小さな店は、立ち飲みのバンコ（カウンター）を備え、エスプレッソはナポリ・バルベーラ社の豆を直輸入。ぽってりとしたクレマから膨らみだすアロマの厚み、香ばしい余韻が、店主が惚れ込んだバールの醍醐味を伝えていた。まだ《スターバックスコーヒー》が大阪に上陸する以前、エスプレッソはもちろん、グラッパやワイン、パスタなどのメニューが揃う、当時は希少な正統派バールとして市内外からお客が足を運んだ。イタリア人の常連も多く、遠方から訪れるファンも少なくなかったという。後述する西天満のコーヒー店《ELK《エルク》 KAFFE《コーヒー》》の店主・高野さんもそのうちの一人。「関西初のバールスタイルの個人店で、エスプレッソがめちゃくちゃ旨かった。梅田界隈の飲食店関係者も多く、自分も閉店後に時間があれば、ワインやコーヒーを飲みに行っていました」と振り返る。気取らず、陽気な雰囲気で街に根付いた《BAR UNO》はしかし、2014年、宇野氏の急逝によって突然、店を閉じる。地域に根付き、大阪にいち早くバール文化を伝えた名店の喪失を、全国の常連が惜しんだという。

数多のファンに愛された《BAR UNO》には、宇野氏の店作りに魅せられ、後に自らもバールを開くお客もいた。その一人が、2005年に松屋町に《Caffe Arietta《アリエッタ》》を開いた有江和弘さん。イタリア料理店でのアルバイトがきっかけでエスプレッソの醍醐味を知り、開店前にたびたびイタリアにも訪問したが、「バールをやりたいと思った原点は《BAR UNO》にあります。宇野さんに憧れた人は沢山いると思いますが、ご多分に漏れず、自分もその一人」という。2011年まで営業を続け、一度は店を閉じたが2022年、西田辺に移り、11年越しに《ATELiER《アトリエ》 ARiETTA《アリエッタ》》として再開。大理石のバンコを備えた店の表には、《BAR UNO》で使われていた“ESPRESSO et VINO”の黄色い看板を掲げて心機一転、イタリアのバール文化を感じられる新たな憩いの場を目指している。

さらにもう一人、2020年に南森町で《Caffe Cornice《コルニーチェ》》をオープンした店主・服部恭典

《BAR UNO》の看板を引き継ぐ、
《ATELiER ARiETTA》（左）と《Caffe Cornice》

さんも、かつて《BAR UNO》に通った常連。「以前、会社勤めをしていた頃、通い出して6年ほど経った頃に、宇野さんが亡くなられて。大きな影響を受けた分、しばらく拠り所がなくなった感覚でした。突然店を休んで2、3ヶ月もイタリアに行ったり、現地に直接豆を注文したりと、とにかく行動する方で、バールの開業希望の相談も多かった。味はもちろん人柄にファンが多かったですね」と振り返る。服部さんの店では、宇野さんと同じくナポリのロースターの豆を使用。かつて《UNO》に通ったお客が訪れることも多いという。ここにも、店先には《UNO》から譲り受けた“ESPRESSO”の立て看板が立つ。どんな店にも常連客はいるものだが、時間を経ても根強くファンを惹きつけ、多くの人の記憶に残る店はそうはないだろう。

半ば伝説的と言っていい《BAR UNO》の影響力は、この2人に止まらない。「大阪のイタリアンバールとしては、宇野さんが一番早かった。自分が修業した《ピアノ・ピアーノ》も

91年に開店していますが、リストランテ色が強かったので、生粋のバールは《UNO》が先駆けだと思います。その影響力は大きく、リスペクトする方も多いですが、自分にとって宇野さんは良きライバルだと思っていました」というのは、西区京町堀のイタリアンバール《Punto e Linea》《プント エ リーネア》店主の鎌田和佳さん。２００２年から《ピアノ・ピアーノ》の姉妹店のパスティチェリア・バールで約5年を過ごしたのを皮切りに、神戸、芦屋のバールなどで経験を積み２０１０年に独立開店。当初は軽食も置いたが、3年目からはエスプレッソとカンパリのカクテルを主役に据え、ほぼドリンクオンリーに。「日本に広まり始めた頃、〝少量で苦味が強いコーヒー〟といったネガティブな印象が強かったので、うちでは〝高級チョコレートのような風味を凝縮したもの〟、といったニュアンスで伝えています」というエスプレッソは、開店以来、イタリアの大手メーカー・ラヴァッツァ社の豆を一貫して使用。誰でも手に入る材料で、目を見張る一杯を追求してきた。

10時から23時まで1人カウンターに立ち、淀みなく続く素早い所作、当意即妙の目配りと会話で、居合わせたお客が自然とつながる。その仕事ぶりは、全きバールマンにして、粋なリンクマンと呼ぶべきものだ。「今はコーヒーを入れる職人みたいな位置づけですが、僕が始めた頃は、バリスタといえばイタリアのスタイル、サービスマンから入った方が多い。本来は、お客さんの楽しい会話を引き出すのが仕事。そういう意味では、大阪の喫茶店のおば

イタリア人もうなる《Punto e Linea》のエスプレッソ

ちゃんはレベル高い（笑）」と鎌田さん。深く染み入るようなエスプレッソも、カンパリのカクテルも、あくまで会話の供としてある。目立たぬ立地にありながら、ミオバール（行きつけ）として通う老若男女の常連と共に、料理人やバーテンダーなど同業者にも支持を得て、《BAR UNO》なきあと、大阪で正統派バールの灯を守り続ける一軒だ。

　鎌田さんがバリスタの道に進み始めたのと同時期、アパレルの仕事からバリスタに転身したのが、現在、本町の《ミルポア》と上本町の《MAGNUM Collection》でヘッドバリスタを務める東弘和さん。「当初は服に限らず、自分で何か店をしたいという思いがありました。その時、当時よく立ち寄っていたカフェでラテアートに興味をひかれて」と、行きつけのカフェで8年、バリスタと料理の経験を積み、２００９年に独立して、本町に《BAR ZUMACCINO《ズマッチーノ》》をオープンした。まだバリスタの競技会などなかった頃、「修業先では、新人でもすぐにマシンに触れることができて。店はお客さんの回転も速く、膨大なエスプレッソのショット数が技術的なベースとなりました」と振り返る。

大阪ではパイオニアの一人である東さんだが、「この世界に入った２００１年頃はバリスタという言葉もなく、独立するまでは、知っている同業者は、同じ店の人だけでした。僕らの世代は、バリスタ＝サービスマンという捉え方で、今と違ってコーヒーを大きな動機としている人はほとんどいなかった。カフェブームの名残もまだあって、仕事としておしゃれというイメージも多分にありました」と、当時の状況を振り返る。コーヒーに限って言えば、《BAR ZUMACCINO》ではスペシャルティコーヒーはあえて使わず、深煎りの豆で個性を出すべく地元の《花田珈琲》でオリジナルブレンドを特注。ビターチョコのようなコクのある苦み。ミルクと合わせてもしっかりしたコーヒー感が印象的だった。

当時、ラテアートができる店はまだ珍しかったこともあって、《BAR ZUMACCINO》の存在は口コミで拡散。ちょうど、２００８年にアメリカのフリーポア ラテアート ワールドチャンピオンシップで澤田洋史さんが世界一になり、その後、ラテアートチャンピオンシップの日本大会が開催された時期とも重なり、ラテアート人気は一気に広まった。東さんも、開店後はこうした競技会や企業主催の大会などに出場。「CoffeeFest LatteArt Championship Osaka 2015」では、チャンピオンにも輝いた。「店の宣伝という一面もありますが、何より横のつながりができるのが大きい」と、各地のバリスタと知り合う機会を増やす中で刺激を受けつつ、技術を磨いた。また自店でもお客の要望に応えて、ラテアートの体験教室も開催。その頃はラテアートを教わる場も少なく、興味を持つお客と共に、やがて同業者も参加するように。２０１２年からは、自店が主催の競技会「ズマッチーノカップ」も年１、２回開催し、草創期のバリスタの交流の場としての役割を果たした。

その頃に、《BAR ZUMACCINO》を訪れていたバリスタの一人が、《ISTA COFFEE ELEMENTS》店主の野里史昭さん。東京で、バールも備えた正統派リストランテに勤めたのを機に、バリスタの先輩に憧れて自らもこの道に進み、コーヒーと飲食店の基礎を学び直すべく大阪の料理専門学校へ。さらに、イタリアに渡ってＩＩＡＣ（イタリア国際カフェテイスティング協会）認定資格のレベル１、２、３を日本人として初めて取得。いち早く本場の技術も吸収し、２０１０年に《Bar Ista》として自店をオープン。開店後も専門学校の講師を務めるなど、関西のバリスタ草創期を牽引した第一人者だ。

とはいえ、当時のバリスタは広まって間もない職業で、人によってイメージのギャップがあり、方向性が定まっていなかった。そこで野里さんは、バリスタの認知度を広げるべく、情報交換や技術向上を目的として、３人のバリスタによるユニット・バリスタアライアンスを結成。「いかに情報を得るかを考えた時に、個人では難しい面があったので、チームで動く必要性を感じていました」と、競技会の練習や関東のバリスタとの交流、《BAR ZUMACCINO》でのイベント開催など、地域・世代を超えた同業者が集まり、考え方の共有機会を増やしていった。

片や自店では、カウンターでのサービスを基本に、イタリアのスタイルを踏襲する一方で、ＪＢＣへの参加を通して関西のスペシャルティコーヒー専門店の先駆け、京都の《Unir《ウニール》》との縁を得たことで、新たなコーヒーの醍醐味を体感。「作り手の顔が見える豆で、品種ごとのクオリティとキャラクターを楽しんでもらいたい」と、エスプレッソは定番のブレンドを置かず、《Unir》から届くシングルオリジンの豆を入れ替えながら提案する、新たな試みを実践してきた。開店後も、コーヒーカクテルを競う「ジャパン・コーヒーイングッドスピリッツ」(JCIGS)の出場を続け、２０１４、２０１６年に2度の優勝を飾り、世界大会へ出場。さらに「World Signature Battle 2018」でも日本人初のチャンピオンになるなど、国際的な舞台で活躍している。現在は《ISTA《イスタ》 COFFEE《コーヒー》 ELEMENT《エレメント》》と改め、２０２３年、世界最大級のバーテンダー競技大会「DIAGEO WORLD CLASS」に日本代表として出場。コーヒーカクテルの第一人者として、豆の個性を際立てるアルコールとのアレンジを追求し、競技会でも披露したクリエイティブ・コーヒーカクテルは、いまや店の代名詞として、進化するバリスタの可能性を体現している。鎌田さんがイタリアンバールの王道を行くのに対し、野里さんはコーヒー専門店の要素を加味することでバールの新しい価値を追求。それぞれが目指すスタイルでバリスタの醍醐味を伝えている。

ところで、野里さんと共に、バリスタアライアンスの一員として活動していたバリスタの一人が、当時、《コンテンツレーベルカフェ》や《ミリバール》で店長を務めた内部利夫さん。いち早くスペシャルティコーヒーの魅力に触れたのを機に、当時から本格的にバリスタを志し、２００５年からＪＢＣに出場。「90年代にエスプレッソを飲めるのはイタリアンのレストランに行くしかなかった。大阪でも２０００年代にはカップ・オブ・エクセレンス（ＣＯＥ）の豆を扱っていた焙煎卸業者もありましたが、卸のカルチャーが強いからか、スペシャルティコーヒー専門のロースターはなかった。だから、おいそれと手に入るものでなかった。どこに行ったら飲めるの？というくらい本当になくて。その意味で、《Bar Ista》がスペシャルティを意識した店の先駆けで、京都の《Unir》から《Ista》を通して大阪に広まったのかもしれませんね」と、当時を振り返る。その後、内部さんは、２０１０年に《Unir》に移ったが、今もバリスタ同士の交流は続き、２０２２年にはＪＢＣへの挑戦17年目にして、初の優勝を果たしている。

さらに、この大阪のバリスタコミュニティに加わったのが、バーテンダーからバリスタに転身し、２０１３年に《Knopp》を開業した吉田奈央さん。内部さんと同時期から、競技会に出場を続けている吉田さんもまた、「その頃、バリスタの数も少なかったから、必然的に集まって情報交換とかしていました。とにかく情報が欲しくて、大会に出ることで周りから吸収することが特に多かったですね」という。今ほどインターネット環境も整ってなかった時代、競技会は最新の動向に触れる貴重な場だった。また、まだ自店を持たないバリスタは、営業中に競技会の練習ができないため、大会公式マシンを共同で使う練習会なども開かれていたという。

《Bar Ista》と同じく、《Knopp》でも開店時から《Unir》の豆を使用。生の食材を生かしたカクテルの新潮流・ミクソロジーの手法を関西でいち早く取り入れ、コーヒーミクソロジストとして新境地を開拓してきた。８～９種を時季替りで提案する看板メニューのコーヒーカクテルは、多種多彩な素材を取り合わせる発想の広がりが、まさに縦横無尽。コーヒーのプロが手掛けるからこそ生まれる一杯は、飲むほどに次々と新たな味わいが現れる稀有な体験で、お客を魅了している。吉田さんは開店後も研鑽を続け、JCIGSでは毎年ファイナルに進出し実力を示してきたが、２０２２年の大会でついにチャンピオンの座に上り詰めた。近年は、カクテルとスイーツとのペアリングという新たな試みを始め、カクテル単体ではできない、より立体的なフレーバーの広がりを提案している。

偶然にも、大阪で先駆けてバリスタを志したパイオニアの店は、本町通の南、御堂筋の東の一帯に集まっている。「今この辺りは日本一、世界一のバリスタだらけになりましたね」と感慨を漏らす東さん。奇しくも、かつて《コンテンツレーベルカフェ》があったエリアに、今はコーヒーの新たな魅力を発信するバリスタが集う。界隈の変化は、時代の移り変わりを映している。

4 コーヒーシーンの劇的な変化とロースターへの注目

カフェブームの到来、シアトル系カフェの上陸を経た１９９０年代後半は、同時に、より高品質で個性的な味わいのコーヒーを提唱する、スペシャルティコーヒーの概念が登場した時代でもある。産地や生産者を厳選して作られた豆は、コーヒーが本来持っている個性的な味わいで、それまでのイメージを大きく変えるものだった。２００３年（平成15年）に設立された日本スペシャルティコーヒー協会では、生産国での栽培からカップのコーヒーに至るまでの体系的知識や技術の普及、啓蒙を図り、品質向上を目指す動きは大きな変革をもたらし、コーヒーの楽しみ方は飛躍的に広がりを見せた。その影響は思いのほか早く世相の中にも現れ始め、早くも２００３年にマクドナルドがプレミアムコーヒーの販売開始。２００５年に１００円コーヒーをスタートするなど、クオリティを見直す動きが各所で過熱し始める。スペシャルティコーヒー、バリスタ、エスプレッソなど、新たなキーワードが揃いつつあった２００７年頃、コーヒーを取り巻く状況は大きなターニングポイントを迎える。街場での予兆はあったが、この年はバリスタチャンピオンシップの世界大会が東京で開催されたタイミングでもあり、本格的にコーヒーへの関心が高まったことから、メディアでもカフェではなくコーヒーがテーマに取り上げられる頻度が急増。それまでコーヒーをテーマに扱わなかった料理専門誌やファッション誌の誌面をもにぎわすほどに、コーヒーを取り巻く環境は劇的に変化した。関西では２００５年頃が、スペシャルティコーヒーを扱う新世代コーヒー店の先駆けが現れはじめた時期でもあった。京都では先述の《Unir》に《カフェヴェルディ》、《WEEKENDERS COFFEE》、神戸では《GREENS Coffee Roaster（現GREENS)》、大阪では豊中の《チッポグラフィア》と、関西コーヒーシーンの変化を告げる顔ぶれが登場している。

そんななか、大阪では、東京・山谷の《カフェ バッハ》で学んだ店主の開店が目を引いた。１９６８年（昭和43年）に開店した《カフェ バッハ》創業者の田口 護さんは、誰もが安定して味を再現できる焙煎の技術理論を確立。セミナーなどで、自ら研究した焙煎技術を広く共有する場を作り、後進の育成に力を入れていた。80年代になると「バッハグループ」を設立し、自家焙煎のセミナーに注力。全国に教え子による店を輩出していた。

大阪における先駆けが、２００３年、福島区野田で開業した《カフェ バーンホーフ》だ。

店主の安部利昭さんは、日本の自家焙煎の草分けとも言える、田口さんのコーヒー論と出会い、会社員から転身。仕入れる豆は、焙煎の前と後に必ず一粒ずつハンドピックする、丁寧な仕事で質の高いスペシャルティコーヒーの味わいを提案している。また、豆の産地よりも焙煎によって味が変わることを知ってもらいたいと、メニューは焙煎度ごとに表記。各段階のブレンドを基準に、好みに合う味を選べる分かりやすさで支持を広げている。

さらに、2008年には、料理学校で製パン主任教授を務めた江崎 修さんが、玉造にカフェ《ヴィーナー ローゼ》をオープン。料理学校では田口氏とも知己があった江崎さんは、《カフェ バーンホーフ》のスイーツの監修を務めるなど《カフェ バッハ》との縁が深い。学校時代の研修で始めて以来、20余年の焙煎経験を生かしたコーヒーと、伝統的なドイツ・ウィーン菓子を供するカフェ・コンディトライのスタイルで、多彩なペアリングを楽しめる一軒として評判を呼んだ。

《ヴィーナー ローゼ》は惜しくも閉店してしまったが、ここで約1年、江崎さんから菓子作りを学んでいたのが、西区南堀江《café Weg》の店主・久保美幸さん。意外にも、以前はコーヒーがあまり飲めなかったという久保さんだが、福島県の自家焙煎コーヒー店《極久里《あぐり》珈琲》で、「初めて〝飲めた〟と思えるコーヒー」に出合ったのをきっかけにこの道へ。福島に移って《極久里珈琲》に勤めながら、店主が学んだ《カフェ バッハ》にも通って、焙煎の指

バッハ流のコーヒーを提供する《café Weg》
店主・久保さん

導を仰いだ。バッハ流の焙煎は、データ重視の理論的なアプローチが基本。長年の経験やカンを必要としないスタイルは、まったくのゼロから焙煎を始めた久保さんも、馴染みやすかったに違いない。今も、必ず前日焼いた豆を片手に見比べながら、焼き具合がブレないよう心がける。柔らかい口あたりとまろやかなコクがほどける、看板のヴェークブレンドは、日々の丁寧な仕事ぶりの賜物。穏やかな飲みやすさは、根っからのコーヒー好きではなかった自らの経験から生まれたものかもしれない。《ヴィーナー ローゼ》仕込みの自家製ウィーン菓子も、コーヒーを呼んでやまない一品揃い。月替わりで登場するケーキとのペアリングも、この店ならではの楽しみの一つだ。

２０００年代も中盤を過ぎるとカフェブームもややペースダウンし、その中で、懐古的な純喫茶やコーヒー専門店への注目が集まり、カフェからコーヒーへと世の関心が移っていったような印象がある。メディアでも、スペシャルティコーヒーの登場と、それを打ち出す新世代店の出現、リアルの変化を汲み取り、あれだけ雑誌の誌面を賑わせていた〝カフェ〟の文字は、２００７年頃を境に一気に〝コーヒー〟へと入れ替わり、コーヒーを軸に据えたことによって、世代や新旧の垣根を超えた系譜が可視化された。２００７年に「珈琲ニューウェーブ」特集を打った、『Meets Regional』の巻頭言の一文は、かつてない一大転換期を迎えた当時の気分を端的に伝えている。「ブームの頃のカフェはおしゃれを売っていたが、今はしっかりコーヒーを売っている。時代やなぁ」。

新しいコーヒーの魅力を伝える自家焙煎コーヒー店の登場と共に、〝ロースター〟という言葉が広まる中、スペシャルティコーヒーを専門とする店から古き良きコーヒー店の味を伝える店まで、個々のキャラクターが多様化。世代の新旧を問わずコーヒーを楽しむ選択肢が広がった。全国的にも個人の小規模ロースターが増えてきたこの頃、とりわけ関西では、豆の産地や品種ではなく、ロースターに着目して特色を打ち出すカフェが登場し始めた。この頃、関西で開店したカフェでは、豆の仕入先は北海道から九州まで実に広範囲に渡ったが、ネット通販による流通が格段に良くなったことで、関西圏にいながら日本各地のロースターの味が楽しめるという状況ができたのも大きな理由の一つ。コーヒーに特徴を打ち出すカフェの中でもいくつかの傾向が見られるが、魅力ある仕入先が増えたことで、複数のロースターの豆を使うというスタイルは大きな変化の一つだろう。

２００８年、淀屋橋にオープンした《Mole hosoi coffee》は、その先駆け的一軒だ。mole＝もぐらを意味する名の通り、レトロなビルの地下金庫室を改装した空間は、カウンターのみ

曲折したカウンターが目を引く《Mole hosoi coffee》

の隠れ家的な雰囲気が人気を呼んでいる。マスターの細井立矢さんは、アパレル関連の仕事を経てカフェを開いたユニークな経歴の持ち主。「店の顔としてまず旨いブレンドをしっかり持ちたい」と、開店にあたり各地で評判の店から豆を取り寄せ、最も好みに合った札幌の《森彦》と、名古屋の《coffee Kajita》にオリジナルブレンドを依頼。ロースターの個性でコーヒーを選び、提案するアイデアに加え、ブレンドはクリアに味を引き出すペーパードリップ、ストレートは豆の個性をダイレクトに楽しめるプレスと、抽出器具を変えるのも当時としては新しい試みだった。

また、《Mole hosoi coffee》と同時期、福島聖天通商店街に開店した《喫茶Stove.》では、「お店をやるなら他にないコーヒーをと思っていました。名前が知られているロースターは面白くないし、先入観ができてしまうので」と店主の瀧内由紀子さん。開店前に各地のコーヒーを取り寄せて飲み比べ、選んだのが大分県の山中の景勝地・耶馬溪の奥地に店を構える《豆岳珈琲》。各地のロースターの中でも、ひときわ遠方にある一軒だ。この頃、辺境に開店する店もポツポツ現れ始めたが、それも技術革新の賜物。とりわけ、地方の個人店にとっては、場

福島の聖天通商店街で
親しまれる《喫茶Stove.》

所を選ばず開店できるメリットは大きかった。

当時、《豆岳珈琲》も開店2年目で、卸もほとんどしていなかったため、《喫茶Stove.》が関西では初めてにして唯一の卸先となった。「味の好みはそれほど細かくなく、商店街近隣の常連が多いので、むしろ毎日飲みたくなる味かどうかが大事。豆岳さんのコーヒーは、人柄通り主張が強すぎず、バランスがいい」という瀧内さん。遠く大分県から大阪の商店街で定着するのも不思議な感覚だが、ここでしか飲めないという意味では、まさに看板メニューだ。

さらに、北浜の旧大阪三越跡地の商業施設に《エルマーズグリーンカフェ》が登場。関東に本拠を置く服飾雑貨店や飲食店を展開する企業で、同系列の服飾店の出店に伴い、関西で初のカフェを同時にオープンした。現在は自家焙煎になったが、当初は京都の《オオヤコーヒ》のファクトリーワークスとして焙煎を手がける《カフェ工船》の豆を使用。北浜というオフィス街のロケーションだけに、周囲にはチェーン系のカフェも多く、価格に対してシビアな関西の客に、豆の質と抽出の過程を付加価値として提案した。イギリスのカフェをテーマにした店と、直火焙煎の濃厚な味わいに定評がある《カフェ工船》、意外な組み合わせでインパクトを生み出し、界隈のビジネスマンに支持を得た。

店構えとコーヒーのギャップという点では、２００８年に扇町で開店した《ELK KAFFE》も挙げられる。店主の高野光弘さんは、サイフォンコーヒーの喫茶店に10年携わった後、スペシャルティコーヒーとの出会いから独立開業。関西で他にないコーヒーをと、各地のコーヒーを取り寄せ、石川県能登半島の先端にある《二三味珈琲》の豆に出合った。当初から「カフェや喫茶店でなく、コーヒー屋をしたいとずっと思ってました」という高野さんだが、北欧の家具・調度を配した空間からカフェと認識するお客が多く、主役のコーヒーを打ち出すことに苦心したという。その経緯もあり、２０１３年に西天満に移転して心機一転。創業時から定番の《二三味珈琲》に加え、北海道・美瑛の自家焙煎コーヒー店《Gosh》の極深煎り、深煎りを加え、新たにネルドリップコーヒーも提供。65℃の湯で抽出する一杯は、お湯の温度や粉の量など細部までこだわり、挽いてから微粉を取り、抽出時の雑味を除く細やかさ。香ばしい芳香と、濃

北欧のインテリアで統一された《ELK KAFFE》

密な味わいは、ディナー帰りの締めの一杯としても好評だ。

店によって考え方は異なれども、店とロースターが一体となって生み出す個性は、コーヒーシーンの新たな方向性を示していた。かつてはロースターの数は限られており、「自家焙煎か、仕入れか」という選択肢しかなかったが、各地の豆を取り寄せて選べるようになった変化は大きい。コーヒーの知識や情報の浸透によって消費者のニーズも多様化し、マイクロロースターの増加と共に、カフェのコーヒーも個性の細分化が進んでいった。

5　昭和のコーヒー専門店へのリスペクト

１９９０年代に現れた〝カフェ〟と、〝コーヒー主体の店〟との役割分担が明確になってきたこの頃、昔ながらの自家焙煎コーヒー店が再評価されたのは、ブームの隠れた恩恵だった。カフェが増え始めた初期にレトロな喫茶店への注目も高まり、一部で「喫茶趣味」ともいうべきジャンルも現れたが、ここにきてコーヒーが主軸になったことにより、世代や新旧の垣根を超えて関西コーヒー界の先達にも脚光が当たり始める。どちらかというと空間や食事が注目されたカフェブームから10年が経ち、以降は喫茶店の基本となるコーヒーを見直す傾向がいっそう顕著になっていく。

その中で、クラシックなコーヒー店へのリスペクトを表現する店も現れる。心斎橋のビル階上にあって、隠れ家的な雰囲気を持つ《ル プルミエカフェ》もその一つだ。１９９８年（平成10年）、「お酒を楽しむように格好よくコーヒーに親しんでもらいたい」という店主・税所孝広さんの思いを形にした空間は、ローズウッド調のキャビネットやハイチェアーを配したカウンターなど、バーを思わせる落ち着いた佇まい。関西の老舗喫茶店にも範を求めた落ち着きのある空間は、オープン以来、界隈の夜の憩いの場として定着している。どっしりと苦みが効いたマンデリンベースのブレンド「クラウン」をはじめ、リキュールを思わせる深煎りの濃厚なコーヒーに定評があり、中でもワイングラスで供する濃厚なアイスコーヒーは、淹れてから氷を使わず急冷することで香りを嗜める趣向が好評だ。近年、自家焙煎を始めてからは、定評のある深煎りから酸味を生かした中煎りまで約20種と、コーヒーのバリエーションも多彩に。２０１７年に、焙煎所を兼ねた姉妹

バーのような雰囲気が漂う《ル プルミエカフェ》

店も加わり、ロースターとしても幅を広げている。

また、この頃、数は少ないながらも、ネルドリップ一杯立てで提供する気鋭の店も登場している。先に触れた《ELK KAFFE》に加えて、２００８年に天満橋で開店した《喫茶 星霜《せいそう》》は、２０１４年に《星霜珈琲店》と名を改め、深煎り・ネルドリップコーヒー専門店としてリニューアル。手回しの焙煎機による自家焙煎と、コーヒーオンリーのメニューで、濃密な一杯を追求している。当時、この両店を含め、ネルドリップに傾倒する若い店主が、密かにリスペクトする店としてたびたび名を挙げたのが、森之宮の《ばん珈琲店》。「コーヒーの持つ深いコクを楽しんでいただきたい」という店主の村上峰人さんは、１９７３年（昭和48年）に鴫野で開店し、30年続けた後、２００３年に森ノ宮に移転。入口のドアから80年前のアメリカ製レジまで、アンティークの調度が醸し出す、温かく静謐な空間が印象的だ。開店当初から自家焙煎を始め、現在は炭火の直火式焙煎機を駆使し、深煎りの先にある香ばしい甘さ、焙煎由来の味わいを追求する。数珠のように湯を滴らせて、ゆっくりと豆に染み込ませ、豆の旨味を引き出す抽出も独自に磨いてきたもの。大阪では知る人ぞ知る深煎りネルドリップ、コーヒーオンリーの店として存在感を発揮している。

ところで、ネルドリップといえば、ここで触れねばならない一軒がある。大阪市内から少々離れるが、お隣の八尾市郊外で１９８１年に創業した《ザ・ミュンヒ》だ。長閑な住宅街の真ん中に忽然と現れる店は、唯一無二と言っていい個性で、いまや関西でも広く知られる名物店だ。最初はごくありふれた喫茶店だったが、東京・銀座の《カフェ・ド・ランブル》の出会いからマスター・田中完枝さんがネルドリップコーヒーに傾倒し、やがて「コーヒーだけの店」の看板を掲げるまでに。その看板に偽りなく、メニューはコーヒーだけで、実に80種近く。抽出はネルによる1杯立てのみ、さらに驚くべきは各項に付された抽出時間が、平均で30分はかかっていること。「1杯を3〜5分で出す標準コーヒーが、唯一最適の抽出方法ではありえない。それはコーヒーの一面でしかないし、豆さえあれば家庭でも出せる。専門店はここでしか飲めないコーヒーを出さないと」というのが田中さんの持論。「標準コーヒー」とは、お客の回転を考えた経営ベースの一般的な出し方を指すが、これに対して、コーヒーを料理の一つと捉え、材料と焙煎だけでなく抽出=調理で様々な切り口を模索したのが、《ミュンヒ》オリジナルの「創作コーヒー」だ。

例えば、「超デミタスコーヒー」と称するメニューは、デミタス1杯に対して１２０ｇもの豆を使用。抽出時間約50分を要する、驚くべき代物。「本当に力のある味を出すには、この豆の量を極細挽きで長時間かけ抽出する」と、手持ちネルに惜し気もなく大量の粉を詰め、みっちりと収まったネルはほとんど球体と化す。「玉露のようなもので、提供する時には37〜38℃。世界で最も苦く濃いコーヒーをブラックで飲めるのが理想です」と、点滴で湯を落とすが、その一滴は表面の染みにしかならず、一滴目が滴下するまでおよそ20分。粘りを帯びた黒い液体は、あえて例えれば無糖のビターチョコか、強い洋酒に似た感覚。およそコーヒーの概念から遠く離れた風味に目を見張る。

《ザ・ミュンヒ》のマスター・田中さん

独自の創作コーヒーを追究して30余年、田中さんの試みは止まることはなく、集大成として取り組むのが「コーヒーの熟成」だ。１kgの豆から１００cc抽出という、創作コーヒーの最高峰・スパルタン超ストロング５ℓを、オーク樽に仕込み-3℃で熟成。すでに20年を超える樽もあるという。世に類のない試みを可能にしたのは、この濃密なコーヒーあればこそ。「僕のコーヒー人生、行くとこまで行ったのがこれ。ストイックにシンプルに、オンリーワンでないと」という強烈な信念が結晶した、創作コーヒーの極北と呼べる一杯は40cc10万円也（お試しスプーン１杯２０００円）。個性派揃いの大阪の喫茶店にあっても、まさに規格外の発想と飽くなき探究心は一頭地を抜いている。今も、暇を見ては方々の街へ愛車のカブを走らせて、気になるコーヒー店にふらりと現れる田中さん。名物マスターの好奇心はまだ止まることはなさそうだ。

6　大阪発の焙煎機メーカーの新たな試み

大阪のコーヒーシーンで、大きく変わったのはカフェやロースターだけではない。自家焙煎の広がりを受けて、焙煎機メーカーも新たな試みを打ち出していた。時代は少し戻るが、大阪で半ば独立するような形になった「富士珈機販売株式会社」は、70年代の喫茶店ブームも追い風になり、1977年（昭和52年）に現在地の浪速区稲荷に本社を移転。その後、東京の「富士珈琲機械製作所」が事実上活動停止を受けて、2006年（平成18年）、東京の「FUJI」ブランドを守るべく東京支店を開設。翌年には、社名を「富士珈機販売株式会社」から、現在の「株式会社富士珈機」に改めた。

同時期には、開業希望者の増加と焙煎への関心の高まりから、直営カフェを《JAVA ZONE COFFEE》としてリニューアル。店内に3台の焙煎機を設置し、普段触れる機会が少ない焙煎作業も気軽に体験できる場を提案した。初心者から開業希望者まで、各自のレベルに合わせた指導も受けられる予約制セミナーも開講し、経験者やプロには焙煎機の時間貸しも実施。自宅で始めるのは大掛かりな焙煎を、身近にする試みとして注目を集めた。

２００９年には、約3年をかけて開発した小型ロースター「COFFEE DISCOVERY」を発売。コンパクトでありながら、制御は従来の業務用と同等、プロ仕様をそのままサイズダウンした機体として話題を呼ぶ。サンプルロースターとしてはもちろん、これをメイン機として小規模で開業する店主も相次いだ。家電感覚でキッチンにも置けるサイズとあって、「COFFEE DISCOVERY」の登場は、自家焙煎のハードルを一気に引き下げた感がある。さらに、２０１０年に最新型の低温完全熱風焙煎機「FUJI ROYAL REVOLUTION」を発売。開発には、関西の名ロースターが意見を出し合い、ロースト制御に自動焙煎も取り込み、低温焙煎によって、香味と経時変化のバランスの取れた味作りを打ち出した。そして２０１３年、富士珈機は東京産機工業株式会社を１００％子会社化し、名実ともに日本のコーヒー業界において、最大にして最古のコーヒー機器メーカーとなった。

一方で、高まる焙煎機需要に対して独自の機体を開発し、製造・販売まで手掛ける新興メーカーとして、その名を広めつつあるのが、２０１０年、城東区今福に創業した《煎りたてハマ珈琲》。店主の濵 卓也さんは、自衛官からコーヒーの世界へ転身したユニークな経歴の持ち主だ。コーヒー豆の鮮度による味の違いを知ったことがきっかけで開業へと至り、「誰もが新鮮なコーヒーを楽しめるように」との思いから、旺盛な探求心と行動力で、自店でも鮮度の重要性を発信している。

　自家焙煎の喫茶店からスタートした濵さんは、次第にコーヒーの加工のプロセスへと目を向け始め、独学で焙煎機の構造を研究。「いっそのこと自分で使いやすい器具を作ろうと思い立って。仕組みは分かっていたから、粉ミルクの缶を加工したり、蓋つきの鍋で煎る方法を考えたり、自作しながら焙煎の原理も理解できるようになりました。逆に、焙煎は世間で言われているほど難しくないんではないか、と思い、〝おいしいコーヒーは自分で作れる〟ということを、もっと広めたいと思ったんです」と濵さん。開店当初から、多くの人に煎りたてのコーヒーを発信するべくコーヒー教室を始め、家でも手鍋で簡単にできる方法を実践し、焙煎に対する先入観を変えることにも取り組んできた。

「常に新鮮なコーヒーを楽しめるようにするには、焙煎がもっと身近なものになるべきなのでは」。常々そう考えていた濵さんが行き着いたのが、より手軽に使える焙煎機を自ら開発・製造することだった。「当時、店を手伝ってくれていた開業希望者から、〝小規模の店舗でも使える小型の焙煎機があれば〟という声を聞いて、数百グラム～１キロの焙煎にも対応できるものを考えました」と、試行錯誤を重ねること約２年。今までに器具を自作してきたノウハウを生かして、２０１２年、最初の１キロ焙煎機・ＨＣＲ－１０００が完成。一般的な同サイズの焙煎機のほぼ半額での販売を実現した。1号機が納入されて以降、17号機までは濵さんが一人で組み立てを行い、月に1台くらいのペースで受注生産。熱源にガスコンロを使用する簡便さで、個人店を中心にじわじわと支持を獲得。近年は、新たに開業した関西の店で、この焙煎機を見かける機会が増えていった。

その後、マイクロロースターの増加に伴って、焙煎機の受注も伸び始め、現在まで1キロタイプの製造はのべ４００台を数え、月に5～6台のペースで製造。２０１８年には製造部を立ち上げ、焙煎機の組み立て用の工場も開設したことで、新たに6キロ焙煎機、最大サイズの12キロサイズと、ラインナップを広げている。機体の認知度も広まり、今では焙煎機メーカーとしての存在感を高めている。「家でご飯を炊くように、豆を焙煎してもらえるようになるのが理想。現在、さらに小さいサイズも試作中です」と鮮度へのこだわりが生むアイデアは、まだまだ尽きることはない。

自店で開発した焙煎機が並ぶ《ハマ珈琲》の店内

　実は、濵さんが本格的に焙煎機開発を進めるきっかけを作ったのが、当時、開業準備のために《ハマ珈琲》を手伝っていた、天満の《喫茶路地》店主・岩金真司さん。岩金さんが会社員から転身し、〝自分でお店を持ちたい〟という思いを形にしたのも、《ハマ珈琲》のコーヒー教室に出会ったことがきっかけ。元々コーヒーは好きだったが、手焙煎と抽出のレクチャーを通じて、煎りたてのコーヒーの美味しさに感銘を受けたことが、この道へ進む大きな転機となった。以来、教室で学んだことをベースに、焙煎や抽出を独学で探求。２０１３年の開業にあたって、自店に導入した焙煎機は、《ハマ珈琲》が開発した記念すべき1号機だ。前例のない新型焙煎機だったが、「構造がシンプルなぶん、扱いやすかった。後に同じ直火式の古い焙煎機を新たに導入しましたが、構造が似ているうえ、ハマ珈琲の機体がシンプルだったので、感覚はつかみやすかったですね」と、今も岩金さんの味作りの土台となっている。「新鮮な豆であれば何も入れなくても美味しい。自分がかつて感じた驚きを、お客さんにも新たな気付きとして知ってほしくて」と、自店のコーヒーはブラックでも飲みやすい旨を一言添えて提供する。

　メニューはコーヒーのほか、ほうじ茶、焼菓子があるだけで至ってシンプル。いかにもコーヒー専門店のように見えるが、それでも、屋号に〝コーヒー〟を入れることは考えなかったという。「コーヒー店としてしまうと専門知識がいるかも知れない、という先入観ができてしまう。あくまで喫茶店として来てもらって、その延長でコーヒーを楽しんでほしいので」と、ここにも岩金さんならではの店作りが垣間見える。《喫茶路地》の店名通り、入り組んだ

ノスタルジックな空気が満ちた《喫茶路地》

裏路地に立つ、築100年を超える長屋を改装した店構えは、まさに都会のエアポケットといった趣。「お客さんからは、〝いつからお店されてるんですか?〟とよく聞かれます」という通り、築100年余になる元印刷所だった空間は、まさに時を超えたような佇まいを見せる。昭和の香りを色濃く残す空間に身を置けば、振り子時計の音が響くばかり。日常から離れて、カップから立ち上る香味に浸るひとときは、この店ならではの贅沢だ。

日本最大・最古のメーカーの誕生と共に、大阪発の新興メーカーが生まれ、焙煎機がより身近な存在になり開業のハードルが下がったことは、とりわけ小規模な個人店にとっては大きな追い風となった。

第五章

新しい波と
喫茶文化の継承

2010-2023

1　サードウェーブと新世代ロースターの登場

カフェブームから、シアトル系カフェやスペシャルティコーヒーの浸透、老舗の自家焙煎コーヒー店の再評価といった流れを経て、店のスタイルの細分化が進行した2000年代。コーヒー自体の産地や品種、新旧含めた抽出の方法、器具の選択肢も一気に広がった。それに伴って、店ばかりでなく家庭でもさまざまなコーヒーの個性を楽しむことが日常に浸透していった。スペシャルティコーヒーの普及が進んで、最初の出店ラッシュを迎えた2010年代は、各メディアでも「劇的に変化」、「目覚ましい発展」、「急速にレベルアップ」といった、コーヒーの世界の激変を強調する言葉が並んだ。相次いで開店するコーヒーショップやロースターのみならず、外食チェーンやコンビニに至るまで、コーヒーのクオリティが格段に向上。全国遍くクオリティの高いコーヒーが広まり、〝コンビニでコーヒー〟も当たり前の選択肢になった。

一部では〝スペシャルティコーヒーはもはやスペシャルではない〟との声も聞かれるほど、2000～10年代に一気に進んだコーヒー業界の大転換は、人々のコーヒーに対する味覚・

嗜好をも大きく変えた。この流れをさらに広げ、決定的なものにしたのが、アメリカ西海岸から起こった、サードウェーブと呼ばれるコーヒーの新潮流だ。アメリカではすでに10年以上前から〝波〟は起こり始め、この頃、そうした新世代カフェの日本初出店の話題が相次いだ。中でも、２０１５年（平成27年）、アメリカのサードウェーブの旗手《ブルーボトル コーヒー》の日本進出は、《スターバックスコーヒー》以来の衝撃を持って迎えられ、大きな話題となった。これを機にサードウェーブは、ライフスタイルを表現する言葉としても浸透。コーヒー業界の一用語を超えて広く波及するという経緯は今までになかったことだ。

もちろん大阪にも、第3の波は訪れる。先陣を切ったのは、２０１３年、北浜にオープンした《ブルックリン ロースティング カンパニー》。N.Y.ブルックリン生まれの、サードウェーブコーヒーの代表格であり、日本初の路面店として話題に。アメリカの本店で焙煎したスペシャルティコーヒーは個性際立つ10数種から日替わりで提供。店内には外国人客も多く、使い慣れた感じで、朝の仕事前にゆったりくつろぐ姿や、土佐堀川を見晴らすテラスでマフィンやスコーンと共に過ごすお客も。現地の先端のスタイルを持ち込み、テイクアウトをメインにしたこの店は、個性際立つ多彩なコーヒーをカジュアルに楽しめる場として、ビジネス街のコーヒーブレイクに新しい選択肢をもたらした。この前後には、N.Y.発のアパレルブランド・Saturdays NYCの直営のカフェ《サタデーズ サーフ ニューヨーク 大阪店》が南船場に、N.Y.滞在経験を持つ店主が現地のスタイルを持ち込んだ《HOOD CAFÉ》（現《HOOD by Vargas》）が中津に、それぞれオープンし、海外からの新たな波を伝えた。

続いて、２０１４年には梅田地下街に、フランスのサードウェーブの先駆けとして知られた《COUTUME》が、東京・青山に次ぐ2号店として関西初上陸。本店で焙煎した豆を空輸し、季節替わりで提案する浅煎り主体のコーヒーはもちろん、店内で手作りされるスイーツやフード、洒落た食器のセレクトも人気を博した。２０１８年には惜しまれつつも撤退したが、当時、最新の抽出器具として登場したばかりの「スチームパンク」がずらりと並んだカウンターは、コーヒーシーンの最先端のイメージを演出した。

さらに、海外からの波に呼応するように、意外な業種からスペシャルティコーヒーを提案する店が現れる。西区のビジネス街の一角に登場した《TAKAMURA COFFEE ROASTERS》は、元々は１９９２年に酒類と食品を扱う大型グロサリーとして創業。２０１３年、ワイン専門店へのリニューアルを機に新たにロースターを立ち上げた異色の存在だ。それまでもコーヒーは扱っていたが、自家焙煎にまで携わるようになったのは、オーナーの松 誠さんの、ある気付きがきっかけだった。当時、飲食店ではワインへの関心が高まり、質を追求するようになったが、食後のコーヒーまでこだわる店は少なかった。食卓を充実させるものの一つとして、コーヒーの質の向上を目指したことが原点にある。

開店後は、約200坪という広大なグロサリーのフロアの一角にロースターを併設し、焙煎機やエスプレッソマシンを導入。折しも、サードウェーブの広まりと共に、コーヒーの生産方法や味覚表現が、ワインとの共通項によって語られるようになるなか、ここでは、ワインを扱ってきた長年の経験を生かして、生産者の顔が見え、個性的なテロワールを感じるコーヒーを提案している。当時最新の完全熱風式焙煎機、ローリング・スマートロースターの35キロサイズを擁する店は他になく、ロースターとしてのスケールの大きさは関西でも一線を画していた。元々扱っていた酒類と比べるとコーヒーの規模感ははるかに小さく、先々の事業拡大を見越して大型焙煎機を先行して導入したのは、異業種参入のこの店ならではのアプローチ。ただ、商品を流通させるだけのワインに対して、コーヒーには焙煎・加工を経るのが大きな違い。逆に言えば、店の個性を直接表現できることも、ロースターを始めた理由の一つだ。

　当初《TAKAMURA COFFEE ROASTERS》は、後発ゆえに差別化を図ろうとカップ・オブエクセレンス（COE）専門を謳っていた時期もあり、開店時は6〜8種だった豆の品揃えは年々広がり、焙煎度も浅煎り中心にシフト。いまやコーヒーのラインナップは50種近くに上り、近年は、ダイレクトトレードで仕入れる豆も充実させ、日本にはまだない品種、農園の紹介にも力を入れる。しかも、希少なコーヒーをどれだけ気軽に提案できるかに腐心し、ワインの試飲に想を得て、テイクアウトドリンクの場合は豆の価格に関わらず一律の価格で提供。コーヒーに対する間口を広げることを重視している。

当初から、ユニークなスタイルとスケールの大きさで注目されてきたが、近年では、淡路島に立ち上げた巨大なファクトリーも話題に。いまや大阪を代表するスペシャルティコーヒー専門店の一つに数えられるまでになった。「この店ができるまで、大阪市内には、浅煎り主体のスペシャルティコーヒー専門店はほとんどなく、わざわざ京都まで豆を買いに行っていたこともあります」と、ヘッドロースターの岩崎裕也さんは振り返る。遡れば１９９０～２０００年代、草創期のバリスタも、スペシャルティコーヒーの入手に苦労した話があったが、大阪は土着の嗜好が根強いからなのか、京都・神戸と比べても普及に時差があった印象がある。その中で《TAKAMURA COFFEE ROASTERS》の登場は、大阪のコーヒーシーンの変化を象徴するものだった。

《TAKAMURA COFFEE ROASTERS》と同時期には、サードウェーブの流れを汲む、小さなコーヒーショップも数多く現れた。とりわけ、１９９０～２０００年代にミナミの街の拡大・変貌を象徴したエリアに、独自の存在感を発揮する個性派が相次いだ。すっかり繁華街・観光地として定着したアメリカ村では、２０１４年に《LiLo Coffee Roasters》がオープン。賑わいが絶えないアメリカ村の真っ只中にある小さなスタンドは、日々、国内外から多くのお客が訪れる人気店だ。「開店した頃は、心斎橋界隈でコーヒースタンドと呼べる店は、まだほとんどなかったと思います」とは、ヘッドロースターの中村圭太さん。スペシャルティコーヒーとの出合いを経て、ヘアサロンを営む旧友からの誘いを機に役者から転身。実はここは、同ビルの階上にあるヘアサロンのコーヒー部門であり、異業種コラボのコーヒーショップとしても先駆け的な存在だ。

中村さんは、開店時から金髪・メガネ・ひげのスタイルを一貫し、キャッチーな出で立ちと明るくカジュアルな雰囲気で、コーヒー専門店の堅苦しいイメージを払拭。スタンドのスタイルや浅煎りのコーヒーが浸透するまでには時間を要したが、少しずつ若い世代を中心にファンを増やしてきた。開店時は6種でスタートした豆のラインナップは、徐々に増えていき、今では常時22、3種が並ぶまでに。生豆の仕入れも多岐にわたり、現在、取引先は10社を超えるが、「扱う豆の得手不得手もあり、同じ銘柄でもプロセスが違うこともあります。担当者ごとの人柄や各社の特徴を把握して、この店でアソートしている感覚」と、オンリーワンの魅力を作るための努力を厭わない。同時に、スタッフの個性を生かすべく各自が顔写真入りのショップカードを持ち、それぞれの接客・キャラクターが店選びのきっかけになるのも《LiLo》ならでは。「コーヒーは分からないから飲まないという人も、〝この人が言うなら飲んでみよか〟ということはありえます。実際、まさに自分が、そういう出会いで変わったから」と、自身の経験に重ね合わせる。

その後、2018年に開店した《リロ珈琲喫茶》は、スタンドから一転、純喫茶を改装したクラシックな空間に。2020年に焙煎所として立ち上げた《LiLo Coffee Factory》は、最新のコーヒー関連機器を揃えたミニマルな店構えにと、3つの店でまったく異なるコンセプトを展開。コーヒー・人・空間と、多様なフックを広げ、コーヒーとの出会いの場を広げている。開店以来、コーヒーシーン全体が徐々に底上げされてきた感はあるが、それでも、「スペシャルティコーヒーの魅力を体験してない人は、まだまだいっぱいいます。その中で、LiLoのポジションは、ビギナーでも取っ付きやすいこと。全く関心ない人に〝ちょっと飲んでみようかな〟と思ってもらう、そういう層を掘り起こせるようにしたい。1を10にするのでなく、0を1にすることで、コーヒー好きの人口を増やしていきたい」と中村さん。きっかけはどんな形でもいいという、自由で大らかな発想は、異業種コラボで始まった店の強みでもある。

片や堀江では、一時のカフェブームや大資本進出の波が引き、一時は賑わいが遠ざかった時期もあったが、その後もぽつぽつとセレクトショップや雑貨店、飲食店が集積し、住宅地と感度の高い店が同居するエリアに変化していた。そんななか、2013年それまで界隈になかったコーヒースタンド、《GRANKNOT《グランノット》 COFFEE《コーヒー》》がオープンしたのは、かつて《ミュ

開放感のある空間が魅力的な《GRANKNOT COFFEE》

ゼ大阪》があった堀江公園のほど近く。「堀江は街の雰囲気が好きで、よく買い物に来ていましたが、出店した頃は堀江の勢いが一回、下火になった時で、周りにコーヒースタンドもなかったので、その時はちょっと勇気がいりましたね」とは、店主の芝野勝也さん。元はアパレルの仕事を経験していることもあり、「店のテーマは、“Good taste, tastes good”（趣味が良くて、おいしい）。おしゃれな場所で楽しんでもらうことを大事にしているので、店の立地は意識しました」と振り返る。

バリスタとして修業を積む中で、島根の名店《カフェロッソ》店主・門脇洋之さんのエスプレッソに衝撃を受け、目指すべき道を見出したという芝野さん。以来、それを理想の味として、自店でもエスプレッソを追求。メニューはほぼコーヒーオンリー、「どんなにトレンドが変わってもエスプレッソは深煎り一本」と、21〜23gと贅沢に豆を使い、旨味と香味がギュッと詰まったリストレット（通常の半分の量の水で抽出）で提供する。また、当初は府内で深煎りに定評のあるロースターから豆を仕入れていたが、2018年から自家焙煎に切り替え、２０２３年、堺に焙煎所を開設。ロースターとしての拠点ができたことで、堀江の店を離れることも多くなったが、それゆえに逆に愛着が増したという芝野さん。界隈は公園の近くとあって、どこかのんびりした雰囲気。常連客には、近隣のショップスタッフの姿も多く、新たな街の拠り所として親しまれている。

《GRANKNOT COFFEE》の開店を皮切りに、その後の4～5年で、堀江界隈にはにわかにコーヒーショップのオープンが続いた。ラテアートの国際大会で優勝経験も持つトップバリスタ・田中大介さんが手掛ける《MONDIAL KOFFEE 328》、メルボルンでバリスタ修業を経験した文元政彦さんが、現地流のスタイルを提案する《Mel Coffee Roaster》、ニュージーランドで13年の修業を経たＫＵＭＡさんが開いた《COFFEE ROUGHNECKS《ラフネクス》》など、国際色も豊かな多士済々のニューフェイスが点在。かつてカフェがひしめいた街は、さながらコーヒータウンと呼べるエリアに様変わりした。

2 ますます深化するコーヒーショップの個性

サードウェーブの到来は、コーヒーの産地や品種、抽出・焙煎技術における世界的なトレンドをもたらすと同時に、その店作りに大きな影響を与えた日本の喫茶店の再評価も促した。ここにきて、従来の〝伝統的な〟喫茶店から、バリスタがいるバールやシアトル系カフェ、マイクロロースターやスタンドなどのスペシャルティコーヒー専門店、さらにはファストフードやコンビニまで、先端と懐古がフラットに混在し、コーヒーの選択肢はかつてないほどに広がった。２０１６年（平成28年）から２０１９年（令和元年）にかけて再び訪れた新店舗のオープンラッシュは、ロースターを主にした店が多くを占めたが、隠れ家的なカフェやクラシカルなコーヒー専門店も存在感を発揮。増え続けるコーヒー店にあって、店の個性もより深化を遂げていく。

２０１０年代も後半になると、コーヒーの産地の顔ぶれに新興国が増え、聞き慣れない国の名を聞くことも多くなった。さらに、地域や農園、生産者の明記は当たり前になり、精製プロセスも新たな技術が相次いで登場し、年々、バラエティは広がっている。それゆえ、コーヒーショップの豆の品揃えも幅が広がる傾向にあるが、逆に単一の産地のみを打ち出すユニークな店も現れる。《CAFE TALES》は、関西唯一のコロンビア産コーヒー専門のカフェとして２０１９年、本町に登場した、まさにオンリーワンな一軒だ。店主の村上裕也さんは、日本人の母とコロンビア人の父を持つ幼馴染が、現地のコーヒーを広める窓口をしていたことで縁を得て、コーヒーの魅力に開眼。自身が初めておいしいと思えた、コロンビアのコーヒーを世に広めるべく、アパレルの仕事からコーヒーの世界に転身し、生豆の卸と共にさらなる普及の起点としてファンを広げている。

《CAFE TALES》では、現地の商社・マグナカップ社から豆を直輸入。年2回の収穫時期に合わせて入れ替えるシングルオリジンコーヒーは、コロンビアの生産量のうち50%以上を占めるカスティージョあり、ピンクブルボンなどの希少品種あり。さらにはアナエロビックやアエロビック（好気性発酵）、コーヒーチェリーのジュースを使ったコロンビア独自の精製方法・シトラススイートネス、フルーツとワイン酵母と共に漬け込んだインフューズドコーヒーなど、最新の精製プロセスを経た銘柄も登場する。かつてコロンビアは〝マイルドコーヒー〟の代名詞として一括りにされていたが、同一産地でありながらバラエティに富んだ品揃えに目を見張る。さらに、自社で輸入した豆の焙煎は、関西各地のロースターに委託。複数のロースターの豆を提案する店はあったが、生豆の個性に合わせてロースターをマッチできるのは、自ら原料の直輸入を手掛けるこの店ならではだ。「同じコロンビアでも味の表現の多彩さを楽しんでもらえるよう、精製や品種の違いがはっきりと分かる、クリーンな味作りに腐心しています」と村上さん。もはや同じ産地とは思えないほど、いずれ劣らぬインパクトを発揮するコーヒーの数々は、進化する生産国のリアルを感じられる貴重な場でもある。

　コーヒーそのものの風味が飛躍的に幅を広げている中で、さらなる楽しみとしてスイーツとのペアリングを提案する店が増えているのも、近年の傾向の一つ。スペシャルティコーヒーとチョコレートの二枚看板で、洗練されたペアリングを楽しめるのが、天王寺公園で2019年に開店した《YARD Coffee & Craft Chocolate》。店主の中谷奨太さんは、大阪で父が営むフランス菓子の名店《なかたに亭》のエッセンスを受け継ぎながら、コーヒーを軸に新たなスタイルを打ち出している。当初は修業先だった東京の《GLITCH COFFEE》から豆を仕入れてスタートしたが、開店1年を過ぎた頃からシェアローストで焙煎に取り組み始め、2年を経て焙煎所もオープン。「派手なフレーバーよりは、落ち着いた繊細な味わいが理想。じんわりとくる味わいで、毎日飲んでも飽きない。思わず、〝もう一杯〟と言ってもらえるようなコーヒーを提供したい」とロースターとしても本格始動している。

天王寺公園に隣接した開放的な空間も魅力の
《YARD Coffee & Craft Chocolate》

片や、もう一つの柱となるクラフト・チョコレートは、原料のカカオの仕入れ、焙煎から手掛けるビーン・トゥ・バーのスタイルで、繊細な風味を引き出す。「ビーン・トゥ・バーでオリジナリティを出すと共に、チョコレートに定評のある《なかたに亭》で培われた技術を継承していければ。

カカオもコーヒーも原料の吟味や加工の過程に通じるものがありますし、2つの個性が出会うとさらに楽しみも広がります」と中谷さん。気軽にペアリングを楽しめる、チョコレート食べ比べセットは、産地・風味の異なる好対照な2種を組み合わせ。例えば、ボリビア産アルトベニはスモモを思わせる華やかな果実味、インド産アナマライはヨーグルトに似た酸味とレモンのような爽やかな余韻と、鮮やかな風味にコーヒーと合わせるとさらなる風味の変化が現れる。スイーツもペアリングを意識したオリジナルで、コーヒーを呼ぶ逸品揃い。多彩な〝コーヒーの友〟の充実度は、パティスリーにルーツを持つ、この店ならではの醍醐味だ。

産地やペアリングなど、変化を感じる場面は多いが、何より最も大きく変わったのは、浅煎りコーヒーへの嗜好が広まったことだろう。スペシャルティコーヒーの普及を機に、コーヒーの持つ果実味を生かした浅煎りが徐々に浸透していったが、深煎り嗜好が根強い大阪で広く受け入れられるまでには時間を要した。そうした経緯を体感してきた一人が、2020年、本町・丼池筋に《aoma coffee》をオープンした青野啓資さん。コーヒーに対する嗜好や提案が大きく変化するなかで長年、浅煎りの魅力を追求してきた。自店ではメニューはほぼコーヒーのみ、しかも浅煎りに特化した大阪でも先駆け的な一軒として注目を集めている。

開店前、染色の仕事に就いていた青野さんは、スペシャルティコーヒー専門店で飲んだコーヒーに明らかな風味の違いを感じたことがきっかけで、コーヒーの世界へ。折しも、アメリカから到来し始めていたサードウェーブにも刺激を受け、いずれは焙煎もしたいと考え、《エルマーズグリーンカフェ》に転身。折しも、同店が新たに焙煎所を開設するタイミングで、いち早く焙煎を経験したことが大きな転換点となった。手探りで検証を重ねるなかで、かつて自分が味わった酸味や香りが際立ったコーヒーが浅煎りの豆だと気付き、以来、明確に浅煎りの味作りに邁進。その醍醐味をさらに広めるべく、《エルマーズグリーンカフェ》の姉妹店として、大阪でいち早く浅煎りに特化した《EMBANKMENT Coffee》を立ち上げるに至る。ちょうど《ブルーボトルコーヒー》の日本初上陸が話題になった時期ではあったが、関西にはまだ、その波が届いていなかった頃。〝酸味の少ないコーヒー〟を好むお客が多いなかで、あえてフルーティーな浅煎りコーヒーの提案は一筋縄ではいかなかった。

さまざまな味の提案の中から
お気に入りの一杯が楽しめる《aoma coffee》

「大阪で、浅煎りだけを打ち出した店として早かったぶん、気付きも多かった。当時は、スペシャルティコーヒー＝酸っぱいという印象が強かったのですが、今思えば、飲み手も作り手も、お互いが〝スペシャルティは酸っぱいもの〟、という先入観を作った面もあるのではと思います。だからこそ、〝酸っぱいだけ〟では終わってほしくないし、最初に酸っぱいと思わせないコーヒーを作ろうと考え始めました」と青野さん。当時のコンセプトをさらに凝縮した《aoma coffee》の開店にあたり、前職時代の経験を元にたどり着いたのが、焙煎において豆の風味を〝整える〟という感覚だ。

「今まで酸っぱいと感じていたのは、１口目の味が突出していたからで、いかに最初の強い味のインパクトをやわらげるか。じわっと来るような甘さの印象を大切に、飲みやすいバランスに整えるというイメージ」と、独特のアプローチで浅煎りの醍醐味を提案する青野さん。とはいえ、浅煎り至上主義にはあらず。コーヒーに興味を持ってもらうための選択肢の一つとして考えている。「選択の幅が広がることで、それぞれに〝推しコーヒー〟や〝推しの店〟ができてくるといいなと。音楽や映画と一緒で、〝推し〟を共有するファンがつながることで、さらに幅広いコーヒーに目を向けるきっかけにもなるはず」と、コーヒーを楽しむ人の裾野を広げることに腐心する。

　折しも、２０２０年から続いたコロナ禍を経て、家でコーヒーを飲む人が増えたことで、近年はコーヒーを愛飲する層は確実に増している。さらに、時代の新旧を問わず多彩なアプローチで古今のコーヒーの魅力を発信する店の広がりと共に、お客との接点の一つとして、

南海高野線の9駅を会場にした
「高野山とふもと ジャパン・コーヒー・フェスティバル」の模様

各地でコーヒーを楽しむイベントの開催も盛んになってきた。中でも、２０１６年から日本各地でコーヒー店が集うイベント「ジャパン・コーヒー・フェスティバル」（以下ＪＣＦ）を主催するのが、《喫茶 珈琲焙煎研究所 東三国》店主の川久保彬雅さん。理学療法士として約10年の病院勤務を経て、このイベントを立ち上げた後に、２０１９年に自店を構えた、一風変わった経歴の持ち主だ。

それゆえ、コーヒーへのアプローチも実にユニーク。そもそもの始まりは、病院勤務時代に実践していた、身体感覚を回復するためのリハビリ治療。それをさらに進めて、言葉や文字でなく身体感覚を通じて、多くの人がフラットにコミュニケーションできる場が作れないかと考えた時、格好のツールがコーヒーだった。「味覚だけでなく五感を使って味わえるのがコーヒー。感覚の強度が人によって違うし、どこを頼りに味を表現するのかで、その人の考え方やクセも出てきます。世界中で親しまれ、いまだに科学的に検証できないほど成分があるコーヒーは、違いを楽しむにはもってこいの飲み物でした」。自らも、コーヒーをドリップで淹れるようになり、味の変化や違いに楽しみを見出し、やがて手焙煎まで始め、周囲にふるまうことで交流の場を作れると実感したことが、イベントの原点にある。

　こうして、コーヒーを通して参加者のコミュニケーションを広げる場として始まったＪＣＦ。第1回は、25店が出店、２０００人の来場者を集め、第2回で倍の50店となり、想定をはるかに超える2万人を集客。以降は関西各地の自治体や鉄道会社などの招致を受けて開催地を広げ、5年間で約30回を数える。ＪＣＦの大きな特徴の一つが、プロ・アマ問わず参加にしていること。「店では先入観が入りますが、ここでは単純に自分が飲んだコーヒーをどう感じるかを楽しむだけ。それぞれの店の味作りや主張は違うけど、自分の感覚を信じて飲み比べると、人の意見に左右されることがなく、結果的に〝みんなそれぞれやな〟という平和な気持ちで会場を後にできます（笑）。〝この人は、そう感じるんや!?〟と思ったり、未知の味を知って誰かに言いたくなったり、いつもと違う感覚や人との出会いを楽しんでもらえるのが一番の魅力です」と川久保さん。２０２２年には海を越えて、フランスで開かれる日本文化の総合博覧会、ジャパン・エキスポに参加。コーヒーを通して国を超えてコミュニケーションを広げる、バイタリティに満ちた川久保さんの今後の試みにも注目したい。

3　時代の変転を超えた老舗のそれから

　新世代の店が充実する一方で、老舗喫茶店の閉店の報が、関西各地で聞かれるようになっていた。大阪では、２０１７年（平成29年）、長年、喫茶業界を牽引してきた秋山悟堂氏が開いた《ＭＪＢ珈琲》が、70年の歴史に幕を閉じた。戦後の70余年、時代の移り変わりと共に失われた店も多いが、その中でも、変化を乗り越えながら、幸いにして継承された老舗も少なくない。

　とりわけ、２０２１年に創業１００周年を迎え、文字通りの百年喫茶となった《平岡珈琲店》は、やはり稀有な存在と言える。店内には、つい最近まで現役だった尺貫法の目盛が付いた分銅秤、１９３５年に御堂筋拡幅に伴い移転した記念に寄贈された時計など、歴史を感じさせる品が残る。また、コーヒーを沸かす時に使う、初代が購入したアイルランド製のシチュー鍋は、創業から唯一、現役の道具。元は青色だった鍋肌の変わりようが、使い続けてきた時間を物語っている。

　40年近く3代目の小川流水さんが暖簾を守ってきたが、「もしかしたら、2代で終わっていたかも知れません」と、継承の難しさを吐露している。実は、小川さんは学生時代はマスコミ志望。店を継いだのは、一度は勤めた会社の事情で退職したという偶然の理由があったからだった。当初は旧来の味を守ることに汲々としていたが、20年前、全自動の焙煎機を導入したのを機に、新たに〝3代目の味〟を試行錯誤。「頑なに歴史を守るんではなく、変えていい範囲がだんだん分かるようになって、気が楽になりました」と小川さん。10年前にはモカの輸出停止の影響で、創業以来、初めてブレンドを一新。その後、ブレンドの種類やストレートのコーヒーを増やしたり、店内でギャラリー展示や落語会を行ったりと、今までできなかった試みを始める転機となった。

「長く続ける上で、芯は変えず、常にどこか新しくすることが大事」という通り、遡れば看板のブレンドも、当初はコロンビアの浅・深煎りにモカ、ジャバロブスタだった配合が、2代目の時代にモカ・マタリが品薄になりモカ・ハラーを代用するようになった。さらに名代のドーナツも、小麦粉と卵の比率が3：1だったのが、今では2：1になり、かつての食べ応え重視の味からサクッと軽やかな食べ心地へと変わってきた。ことほど左様に、老舗の１００年余は不断の変化の連続によって紡がれてきたものだ。１００周年にあたり、定番のブレンドを百年珈琲と銘打ち、長らく不動の定番だったドーナツにも新作が登場。１年かけて考案した焼ドーナツは、製法こそ違えど素朴な甘みに原点の味を踏襲している。

50年前の創業時の趣を残す《喫茶ルプラ》。自家製プリンが新たな看板メニューに

ただ、大きな節目で、小川さんが改めて思いを致したのは店の行く末だ。「しんどい仕事にせず、業態を変えながら平岡のブランドを残していきたい」と、自分が受け継いだ技術と経験を伝え、店を任せられるスタッフを育成。いわば日替わり店主のような形で、暖簾を守る新たな試みを進めている。その中に、2年前から娘の古賀みる子さんが加わった。「これまで店を手伝ったことはなかったんですが、なくなってしまうのは寂しいな、という気持ちはずっとあって」と、出産を経て退職したのを機に、少しずつ手伝い始め、今では週1回、店に立つようになった。様々な人と街の記憶をつなげ、世紀を超えて続く老舗は、大阪の喫茶文化の粋と言ってもいいだろう。

片や、代替わりを機に、独自の試みを進め、新たな支持を得て老舗の看板を継ぐ店もある。１９７４年（昭和49年）に創業した上本町の《喫茶ルプラ》店主の西峯雅仁さんは、元々、仏・伊料理のシェフとして腕を磨いていたが、

２０１１年に先代の急逝を受けて、2代目として店に立つことに。「料理の心得はあったけど、コーヒーについては全くの素人。一から学ぶべく、教室やセミナーと名の付く場所に片っ端から足を運びました」と当時を振り返る。折しも、豆の仕入れ先が廃業したこともあり、2代目として新味を打ち出すべく自家焙煎をスタート。「毎日でも飽きない、日常に寄り添う味わいを」と、新たな看板ブレンドをはじめ、ほとんどの豆をスペシャルティグレードに一新し、豆の種類も10を超えるまでに充実している。

とはいえ、閉店した奈良の老舗喫茶から譲り受けた１００年ものの焙煎機は、いまや希少な半直火式という珍品。「メーカーの方からは、味の幅を出すより、一定の焼き方を固定するような機体と言われました。昔の機体で火力も弱かったので、水分量の多いスペシャルティコーヒーを焼くために改造しました」という西峯さん。さらには、「2代目は、先代の方が良かったと言われがち。若いうちは先代との違いを出すといいと思う」という助言を得て、抽出器具をドリップからサイフォンに入れ替え、毎年ベトナムのコーヒー農園を訪問。現地の食文化にも刺激を受け、料理の経験を生かして、店の味作りも新たに考え直した。「基本的に何でもありの喫茶店のメニューは、料理人から見れば新鮮。そこでいかに自分の色を出せるか、考えるのは楽しい」と西峯さん。中でも、ベトナムで出会ったご当地プリン「バインフラン」から想を得た自家製プリンは、いまや店の顔に。当初からコーヒー教室を開催するな

《スカーレット》限定販売の、
マコちゃんイラスト入りドリップバッグ

ど新たな試みでファンを増やしている。「自分でコーヒーを調べ始めた時、店によって言うことが違ったんですが、料理畑の者としてはありえないこと。〝原則は同じなのにバラバラなのはなぜ？〟と思ったのがコーヒーへの関心を深めたきっかけ。お客さんの質問に応えることは、自分が学ぶ機会にもなります」と西峯さん。いまや店の写真を撮る若いお客も多いが、西峯さんにとっては自宅同然のありふれた場所。それが、今や珍しいものになったことに時代の変化を感じるという。

一方、２０１５年に外装リニューアルで面目を一新した船場センタービルでは、地下街の喫茶店が半分以下になる中で、《スカーレット》が創業時のままの姿で健在。２０１６年に豆の仕入れ先、《福田珈琲》が廃業したことでコーヒーの仕入れ先は変わったものの、店の顔として親しまれてきたマスコットキャラクター・マコちゃんの存在を残そうと、店主の安延さんの後を継いだ娘さんが一念発起。２０２３年に、パッケージにマコちゃんをあしらった、ドリップバッグやリバースウォールマグスリークを、《スカーレット》限定で販売。大阪の喫茶業界のアイドルの新展開は、ファンにとって嬉しいニュースとなった。

また、今に至る老舗の中には、その後、業容を拡大し、全国にその名を広める店もある。《丸福珈琲店》は、90年代に北浜を皮切りに寝屋川、都島と支店を出店。さらに、コーヒーを持ち帰りたいお客の要望を受けて、新たな試みとして現在も販売されている瓶入りアイス珈琲を考案。小ぶりの瓶は、実はソース用に造られた瓶で、ちょっとレトロな形も手伝って、今やおつかいものとしても好評を博している。さらに、千日前本店の改装や百貨店での催事出展を始めるなど、新たな展開が続いたこの頃の試みが、大阪のみならず、全国に〝丸福の味〟を広める契機となった。

一代で《丸福珈琲店》の礎を築いた伊吹貞雄氏が、90年の人生に幕を閉じたのは、まさにその最中の１９９８年。６年後の２００４年、《丸福珈琲店》は創業70周年を迎え、記念事業として新たに焙煎工場などの建造に着手。２００６年からは心斎橋、東京・秋葉原への出店を皮切りに、全国各地への直営支店の展開が始まり、今では約30店となり、丸福の名は全国に広まっている。各地でコーヒーを出し続けるのは、もちろん初代が発明したあのドリッパー。この一杯には、「コーヒー店と呼べる店でないといけない」という生前の矜持が今も息づいている。

大きく移り変わるコーヒー事情の中で、喫茶店黄金期を支えた焙煎卸業者でも、代替わりを機にいち早く業態を見直し、時代に合わせた変化を見せる。１９３３年に東大阪に創業し

中央に焙煎室を備えた
《MUC COFFEE ROASTERS》靭本町店

た《田代珈琲》は、90年代に3代目の田代和弘さんがスペシャルティコーヒーとの出会いから業容を一新。COE国際審査員として産地とのつながりを密にし、多彩なコーヒーの提案に力を入れている。また、70年代に創業した《大阪美鈴コーヒー》も、2代目・古家章司さんがスペシャルティコーヒーのロースターとして方向性を打ち出し、新たな試みとして1992年に直営カフェ《The Coffee Market》を立ち上げ、天王寺周辺に3店舗を展開するなど、地元の支持を集めている。

また、1970年代に《MUC》のFC展開で大阪の喫茶店シーンを風靡した《上島珈琲貿易》は、2014年に新業態の《MUC COFFEE ROASTERS》を開店。店内に設置した焙煎機を置いた、ロースタリーカフェのスタイルに。世界中の農園から厳選したコーヒーは、焙煎後48時間の熟成を経て、1週間以内の豆だけを使用。つねに新鮮な状態で、スペシャルティコーヒーの個性的な風味とクリアな味わいを提供する。全面ガラス張りの開放的な店構え、ハンドドリップする様子も間近に見られるライブ感あふれるオープンキッチンと、広々としたソファ席を備え、趣向を凝らしたアレンジのフレンチトーストなどオリジナルの軽食と共に多彩なコーヒーを楽しめる。２０２３年には、初の海外支店を台湾の台南市に出店。台湾店オリジナルメニュー・クロッフルをはじめとしたスイーツや、ミシュランシェフでもある店長によるフードメニューなど、独自の展開で海外にもファンを広げつつある。

4　新旧の喫茶文化が交わる〝継承〟の新しい形

一方で、長年続いた喫茶店の空気を次代に伝えようと、居抜きで古い店舗を引継いで新たに開店する〝継承喫茶〟ともいうべき店が増えつつある。この動きはとりわけ関西で早くから見られ、大阪でも２０１０年代半ばから、様々なスタイルの旧くて新しい店が生まれている。

梅田の東側に隣接しながら戦時の空襲の被害を免れ、旧い長屋や路地を残す街並みが残されていた中崎町で、30年以上続いた《喫茶・ラウンジ正》は、店主の高齢化にあたり常連客が店を引き継ぎ、２０１１年に《中崎町昭和喫茶 ニュー ＭＡＳＡ》として再スタート。この店がユニークなのは、店主が数年ごとに替わりながら受け継いでいる点。年季を重ねた店構えはそのままに、店主が変わっても、場所だけではなく、店が積み重ねてきた時間ごと継ぐ、〝譲り店〟という新たな継承の形を実践している。２０００年に入る頃からレトロな雰囲気が再評価された中崎町界隈には、他にも旧い空き家に飲食店や雑貨店が出店。２００１年（平成13年）に開業したコミュニティスペース《Salon de AManTo《サロンドアマント》》や、ブックカフェ《珈琲舎 書肆《しょし》アラビク》など、リノベーションの空間を生かした個性派カフェも登場し、若い世代に人気のエリアとして観光地化しつつあった。

その中で、建物こそ継承していないが、喫茶店の味を看板に掲げる《コーヒーショップWARARA》も興味深い一軒だ。「幼いころから喫茶店フードが大好きで。父とよく行っていたのが食事が充実した店で、幼少時の記憶として残っています」という店主・としかさんが２０１４年に開店。終日オーダーできる充実したメニューには、カレーやナポリタン、オムライスなど、王道の喫茶メニューを網羅し、モーニングから遅めのランチまで使い勝手の良さで厚い支持を得る。また、賄いから生まれた名物のドライカレーは、濃密なミンチと玉ねぎの甘みと共に、じんわり後を引くスパイスの刺激と芳香が、レモンを絞るとより鮮やかに。「辛さと甘さの往復がクセになる、ミックスジュースとの組み合わせがおすすめ」というペアリングの妙にも、喫茶店愛の深さが垣間見える。

閑話休題。古い喫茶店を継承する店主には元々の愛用者が多いが、谷町四丁目の《鎗屋町《やりやまち》

喫茶室 街の灯り》の店主・藤本由美さんも、例に漏れず生粋の喫茶店フリーク。子供の頃から母の営む喫茶店の空気に親しみ、会社員時代は常に欠かせぬ息抜きの場にしていたというから思い入れはひとしおだ。「母は食品会社の飲料部が手掛ける喫茶店で10年以上勤めていました。当時はバブルの時代、喫茶店最盛期で、開業支援も数多くしていたそうです。新町で10年続いた母の店は、今の店の雰囲気に近くて、L字のカウンターが印象的でした。今思えばそのままやればよかったと思いますね」と藤本さん。その後、亡き母の店を再開したいと考えていた藤本さんが、40年続いたこの店に出合ったのは２０１８年のこと。「若い頃、〝憧れの大人の空間〟だった、古き良き喫茶店の空気を伝えたい。やるからには昭和の喫茶店の王道を」と、以前の店の空間はそのままに、メニューにも当時の味を再現。ホットコーヒーはブレなく素早く出せるサイフォンで、アイスはコクの出るネル5杯立てで、冷気が逃げにくい銅製マグで提供する。

　軽食は母の店のレシピをベースに、ビターな焦がしカラメルが後を引くプリン、カレー味のキャベツがスパイシーなホットドッグなど、当時の人気メニューを踏襲する。細やかな仕事ぶりは、往年、喫茶店の運営・開業支援を数々手掛けた「プロ中のプロ」という母仕込み。和気藹々とした空気を醸し出すのは、単なる喫茶店好きに止まらない、昭和の喫茶店をリアルに体感した経験があるからこそ。「店が主役で自分は脇役。店主が店に惚れたらあかん、店

静謐な時間が流れる《井尻珈琲焙煎所》

よりお客さんの方が大事と、よく言われました」と藤本さん。往時を知る層はもちろん、懐深い喫茶店の醍醐味は、いまや若い世代も虜にしている。

藤本さんと同じく、自らが通った喫茶店での体験を通じて、憩いの場のあるべき姿を見出し、自店で体現しているのが、大阪の〝リトル沖縄〟・大正区の《井尻珈琲焙煎所》店主・井尻健一郎さん。独学で焙煎を始め、会社勤めの傍ら豆の販売や出張喫茶を経て、２０１６年に開店。「最初に見た時は中もボロボロでしたが、ここで、自分がコーヒーを淹れている姿がはっきりイメージできた」と当時を振り返る。

縁あって出会った古い純喫茶を改装した、静謐な店内で「現実から離れて、ゆっくり過ごせる店でありたい」という井尻さんが大切にするのは、コーヒーから生まれる日常の余白。その原点は、20歳の頃から通い続ける京都の老舗《六曜社》にある。「20年以上通っていますが、毎回、カウンターに座って、コーヒー飲んで、しばらくゆっくりして帰る。特別なことはないけど、それがいいんです。ここで初めてコーヒーが旨いと感じて、帰りに器具を買いそろえたのが、コーヒーとの縁の始まりなんですが、感じたのは、〝気持ちのいい時間だったな〟ということだけ。今もずっと通っているのは、自分にとって、そこが常に一番心地よい場所だからだと思います」。その後は、今はなき東京の名店《大坊珈琲店》にも足を運ぶようになり、店主・大坊勝治さん、《六曜社》地下店の店主・奥野修さんの立ち居振る舞いが、〝珈琲屋〟のあるべき姿を示す存在になっていた。

店内には当初からレコード棚と本棚が置かれ、自身が普段から親しむコーヒーと音楽と本という組み合わせが、そのまま店を形作る柱になっている。ここでは開店以来、心地よい時間を作る気遣いの一つとして、〝パソコンは使用不可〟、〝入店は1組3人まで〟といった、約束ごとをお客に促してきた。「ここでは、コーヒー自体より、コーヒーを飲む理由、店に来る理由が大事。一杯飲む間、落ち着いて過ごせる店でありたいから、店内で目に見える情報をできるだけ少なくしたかったんです」と井尻さん。根っからの深煎り党だけに、コーヒーは深煎りのブレンドオンリー、しかし味を伝えるより、カップ片手に過ぎる間にこそ価値がある。「珈琲屋の仕事は、淹れることと、場の空気を整えること」とは、まさに言い得て妙だ。

雰囲気作りということでは、音楽も大きな要素の一つ。南森町で30年続いた喫茶店をリノベー

レコードの音が心地よい《LONG WALK COFFEE》

トし、2016年にオープンした《LONG WALK COFFEE》で目を引くのは、壁にずらりと並んだレコードジャケット。「ここはレコードをかけるのを前提にして考えた店。喫茶店の空気感が好きなので、ちょっと昭和な雰囲気を残しています」という店主の愛知アンディ有さんのコレクションは、大ファンというチェット・ベイカーなどジャズを中心に。「録音したときの空気感が込められたレコード盤の音は柔らかくて。独特の音域の幅、温かみのある音で、いろんな曲を聴いてもらいたい」と、日本を代表するブランドの一つ、DIATONEのスピーカーを据え、束の間、日常を忘れてもらえるよう、あえてボリュームは上げ気味にしている。忙しい時でも片面ごとに盤を変え、客層に合わせて多彩な曲をかける、この店の流儀は、さしずめ現代版ジャズ喫茶の趣がある。コーヒーは、開店時から通っていた豊中の《チッポグラフィア》から。奥様お手製のキャロットケーキのほか、ランチはキーマカレーやナポリタンなど、喫茶店テイストのホッと和めるメニューと共に、その時々の絶妙な選曲を楽しみたい。

他にも西成区で70年続いた純喫茶《香豆里》が《喫茶コーズリー》に、蒲生四丁目の《喫茶コロンビア》が《喫茶カトレア》にリニューアルするなど、市内各所で継承の動きは顕著になっている。ここまでは大阪に残る喫茶店を改装・再生した例を挙げてきたが、それらと全く異なる経緯をたどって継承を実現したのが《喫茶水鯨》。なんと遠く金沢で閉店に瀕した名喫茶《禁煙室》の家具・調度を、大阪に移して新たに引き継いだという、他に類を見ない一軒だ。《喫茶水鯨》があるのは、明治時代の大阪開港時に、外国人居留地が設けられた西区川口。当時の面影を残すモダンな建物の扉を開けると、緋色の絨毯に唐草文様のローチェア、大きな窓のステンドグラスの光彩が、シックな空間にひときわ映える。

店主の山口修平さんは、元は料理人だったが、息抜きの場だった喫茶店の意匠を凝らした設え、独特の安らぎに満ちた空間に魅了され、自らも開店を志望。

かつて《カフェー・キサラギ》があった川口に開店した《喫茶水鯨》

コーヒーの焙煎は、前述した《喫茶 珈琲焙煎研究所 東三国》の川久保さんの協力を得て、ジャパン・コーヒー・フェスティバルへ出店。さらに、東淀川区の喫茶店で週1回の間借り営業をスタートした。一方で、店作りの参考にと始めた全国各地の喫茶店行脚で、喫茶店が置かれた苦境を知るにつけ、「後世に残したい文化遺産として、喫茶店の良さを継いでいきたい」との思いを強くしたという。

その中で出会った、金沢の喫茶店《禁煙室》は「最初に訪ねた時に、思い描く理想の雰囲気だと感じたのを覚えていました。マスター夫妻の素敵な人柄が印象的で、〝こんな風になれたらいいな〟と思ったんです」と山口さん。ほどなく閉店の報に触れ、移住する覚悟まで秘めてたびたび足を運んで熱意を示し、内装をすべて譲り受ける形での継承を実現。看板から家具・調度まで、原型を残して丁寧に取り外し、大阪まで運びだして、2021年、《喫茶水鯨》は開店した。

コーヒーの品揃えには多彩なスペシャルティコーヒーも並ぶが、看板の水鯨ブレンドは、《禁煙室》の定番だった深煎りブレンドに近い風味をイメージ。メニューには、3色のクリームソーダやシナモンシュガーアップルトーストなど、《禁煙室》の名物を再現したものも。その中には偶然、ここで発見された〝昭和の喫茶遺産〟が生かされている一品もある。物件の改装中に、前オーナーの身内が通っていた喫茶店学校の教科書が見つかり、ホットケーキや

新旧の喫茶文化を融合した《COFFEE LONG SEASON》

プリンアラモードは、そのレシピを元に再現している。

奇しくも、《喫茶水鯨》があるこの場所は、大阪で最初のカフェ《カフェー・キサラギ》があった、いわば大阪の喫茶店発祥の地。稀有なストーリーを経て、この店ができたのは、偶然ではないのかもしれない。店を切り盛りする傍ら、喫茶店文化を継承する活動にも取り組み、今も情報収集を欠かさない山口さん。SNSの普及により、若い世代からも喫茶店が注目を集めるようになったが、「このままブームで終わってほしくないという思いもあって、この店がモデルとなって、若い人に〝こういうやり方もあるんだよ〟と知ってほしいし、できれば真似してもらいたいくらい」と、喫茶店を愛するファン、店主の思いを一緒に継ぐ同志を各地に広げている。

近年、存在感を増しつつある継承喫茶は、多少の差はあれど、どこかしら昭和の喫茶カルチャーがにじみ出る店が多いが、その中にあって全く新しい方向性を示したのが、西田辺の《COFFEE LONG SEASON》だ。店主の沖田卓也さんは、パリ発のサードウェーブの旗手《COUTUME》でスペシャルティコーヒーの魅力に傾倒し、大阪の《TAKAMURA COFFEE ROASTERS》、福岡の《COFFEE COUNTY》など、コーヒーシーンの最前線を経験した後、２０２１年に独立開店。当初はバリスタ志向が強かったが、《COFFEE COUNTY》に移ったのを機に、本格的にロースターに転じる。

それでも、独立を考えた時に「いろんなお店の現場を経験して、人と違うことをしないと、という思いは強くなっていました。同じことをやっていたら、埋もれてしまうと。だから視野を広めるために、国内外のコーヒー店を訪ね回っていました」と沖田さん。そうして自らの拠点に選んだのは、意外にも旧い純喫茶の跡だった。「今の時代にない店の意匠が新鮮で」と、ユニークな場の個性に導かれるように開店した。店内は年季の入った設えこそ残されているが、良く見れば家具や調度は北欧系のデザイン、音楽好きの沖田さんならではのＤＪ顔負けのレコード選曲など、単なる懐古趣味にならない旧くて新しい取り合わせの妙が随所に見られる。

何より斬新なのは、この店構えにしてシングルオリジンのドリップコーヒーのみという潔いメニュー。小さなコーヒースタンドでもラテやカプチーノなどのアレンジメニューはあるものだが、「逆に本当にドリップだけしかない店があっても面白いと思って」と、ここにも他にない店作りでオリジナリティを発揮している。しかも、常時4、5種を入れ替える豆の顔ぶれには、アナエロビックなど近年、注目を集めるプロセスや耳慣れない品種も時季替わりで登場。いずれ劣らぬインパクトを秘めた、希少なスペシャルティコーヒーを厳選している。一見、年季の入った店構えで、これほどエッジの立ったコーヒーに出合おうとは、よもや思うまじ。

それゆえ、開店当初は、「近所の方が来られて、〝トーストください〟とか、〝店主が若くてびっくりした〟、とか言われることもありました」と、以前の店を知るお客が戸惑うこともあったという。ただ、若い世代にとっては新鮮に映り、「東京から来た人などは、向こうにはないので楽しんでくれます。こんなローカルな土地に、遠方からもお客さんが来るのは、ある意味で奇跡的。店を続けるうちに、人との出会いが面白いと思えるようになりました。いきなり地元に根付くというよりは、より尖っていって、外からお客さんが来て、回り回って地元の人が来るようなサイクルをイメージしています」。

元々、喫茶店は多かった界隈だが、浅煎りの個性的なスペシャルティコーヒーを打ち出す店はなかった。逆に、だからこそ、知らずに訪れたお客の嗜好を変える機会も少なくない。「土地柄、スペシャルティコーヒーと縁遠い人とも接点ができるのが、この立地ならでは。店に立ち寄って当てが外れたと思った方も、〝新しくできた店やし、せっかくやから飲んでみよか〟とか、〝初めてでものんびりできるわ〟ということも多い。知らずに入った方ほど、思わぬ出会いが生まれることもあります」と沖田さん。失われつつある昭和の喫茶空間で、最先端の令和のコーヒーに出会えるここは、今どきにない新鮮なギャップで、喫茶の楽しみを広げる存在だ。時を重ねた純喫茶から最先端の波まで、時代を超えてあらゆるコーヒーの楽しみが出揃った感のある現在。ある種、混沌とした状況から、新旧の喫茶文化が交わった新たなスタイルが、大阪から生まれつつある。

本書にみる「大阪のコーヒー」相関図

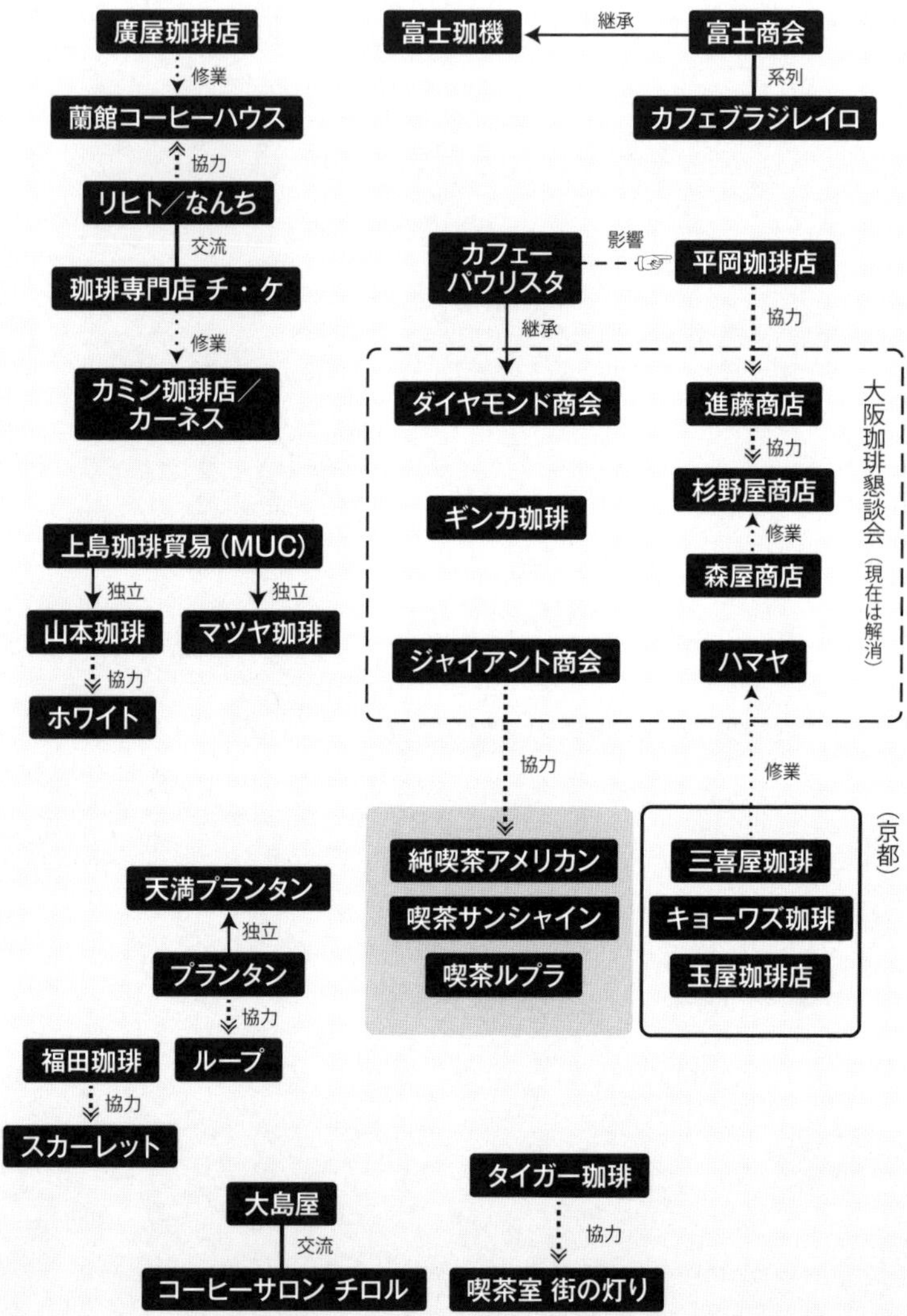

BAR UNO
影響
BAR ZUMACCHINO
協力
花田珈琲
影響
交流
影響
Punto e Linea
Ateler Arietta
交流
CaffeCoRNICE
影響
交流
バリスタ・アライアンス（現在は解消）
ISTA COFFEE ELEMENTS (Bar Ista)
コンテンツレーベルカフェ／ミリバール（内部利夫）
シェカーズラウンジ
修業
修業
交流
協力
移籍
交流
GRANKNOT COFFEE
協力
Knopp
Unir（京都）
LIM CAFE
修業
カフェ バッハ（東京）
バーンホーフ
修業
交流
修業
ヴィーナーローゼ
café Weg
エルマーズグリーンカフェ
系列
煎りたて ハマ珈琲
修業
ENBANKMENT COFFEE
喫茶路地
独立
aoma coffee
交流
喫茶 珈琲焙煎研究所 東三国
協力
YARD Coffee & Craft Chocolate
喫茶水鯨
COUTUME
修業
COFFE LONG SEASON
CAFE TALES
修業
協力
交流
TAKAMURA COFFEE ROASTERS
LiLo Coffe Roasters

おわりに

本書でたびたび登場した、《ＭＪＢ珈琲》創業者・秋山悟堂は、自身の半生を振り返ってこんな言葉を残している。

「喫茶店も一つの民衆運動であると思った。その時代時代の社会の中で、民衆が抱いている希望を適確にキャッチし、喫茶店と言う形式の中に具体化していくこと。それができるかどうかが、喫茶店の消長を決するポイントである」（『喫茶店を経営して40年』明日香出版社、１９７６年）。

その伝で言えば、お客を飽きさせないための試みを続けてきた喫茶店は、絶えず変化する地元の人々の営みと街の在りようを映す場でもある。そうして積み重なった、圧倒的な喫茶店の数もさることながら、本書を通して何より驚いたのは、日本の喫茶店史の本流ともいうべき系譜が、大阪に今も息づいていることだ。

例えば、半ば伝説的な存在になっている《カフェーパウリスタ》の流れを汲む《ダイヤモンド商会》や、《カフェーパウリスタ》本家でも途絶えた名物のドーナツの面影を残す《平岡珈琲店》。あるいは、《カフェーブラジレイロ》の機械部に端を発する日本最古・最大の焙煎機メーカー《富士珈機》。さらには、全国に名を轟かせた大カフェー群、実質・安価のコーヒーで、遍く市井《しせい》の憩いを担った大衆喫茶の数々。その素地を作った「大大阪《だいおおさか》」時代の遺産は、今もって大きいことを実感させられる。もとより、本書では大阪に散在する膨大な店を網羅できるはずもなく、誌面で触れたのはほんの一端に過ぎない。戦前から喫茶店・コーヒー業界を牽引し、独自の発展を遂げた歴史の層の厚みこそ、喫茶店王国の面目躍如《めんもくやくじょ》というべきだろう。関西人の筆者自身もまた、大阪に対する〝ベタ〟な先入観が、いかに強かったかを思い知る機会となった。

そうした分厚い素地の上に、我が道を行く自家焙煎コーヒー専門店や、喫茶店の域を越えた文化財級の名建築、街の風景を変えたカフェの空間デザイン、新たなコーヒーの楽しみを広げたバリスタの活躍と、時代ごとにユニークな憩いの形を生み出してきた。日本一を誇る喫茶店の〝数〟は、値打ちにうるさいお客に応える進取の気性、創意と発想が競い合い、共存する街の多様性の賜物でもある。しかも、そうした店の数々は、いかに趣向を凝《こ》らそうとも、ことさら特別な場ではなく、あくまで日常の拠《よ》り所であることに改めて大阪の懐深さを思い知る。新旧問わず、街に点在する店を舞台に繰り広げられる、何気ない日々の一幕を見るにつけ、人と人が直に顔を合わせるコミュニケーションがいまだ色濃く残る街ゆえに、大阪は今も〝喫茶店ワンダーランド〟であり続けているように思う。

ある老舗の喫茶店主曰く、「昔は、喫茶店は地元の人が集まる場所で、空間もメニューも、半径５００ｍ圏内の人をいかに何回も呼び入れるかを考える商売だった。お客さんとの間柄が近いから店も融通を利かせるし、逆にお客さんも味にうるさいから、実質で値打ちをはかる。店とお客さんの距離感が、大阪の喫茶文化の根っこにあるんじゃないですかね」。喫茶店の小さなコミュニティは、時に街の変化をも促してきたが、昨今では地元客に代わって、国内外の観光客、若い世代のお客が多くを占める店も増えている。ただ、それゆえに、外からの目線で大阪の喫茶文化の新たな一面を再発見する機会も、これからは多くなっていくかもしれない。

それでも、時代の流れとはいえ、〝まさか!?〟と驚くような老舗の閉店も相次いでいる。歴史ある店でも代替わりが進み、本書の取材で「あと10年早く話を聞いていたなら……」と、臍《ほぞ》を噛んだことは一度や二度ではなかった。普段使いの場であるからこそ移ろいやすく、〝いつまでもあると思うな憩いの場〟との感慨を強くした。最近は、昭和レトロブームともいうべき流れの中で、喫茶店への注目が高まっているとはいえ、年々、その数が減り続けているのも確かなこと。日本一の喫茶店数を誇る大阪とて、それは例外ではない。それでも昨今、年季を重ねた喫茶店を生かして継承する動きの広がりは、この街が培ってきた喫茶文化の深みを次代に伝える、試みの一例と言えるだろう。近年、コーヒーシーンには数々の大きな波が訪れ、そのたびに新陳代謝が促されてきたが、温故と知新が交差する大阪の街から、また新たな憩いの形が生まれることを期待したい。

田中慶一

2024年2月

大阪喫茶年表 OSAKA COFFEE CHRONOLOGY

年代	大阪の喫茶店の歴史	世の中のできごと
1868		●戊辰戦争 ●大坂城炎上 ●大阪開市（大阪港開港）、川口居留地が完成 ●「大坂」の表記が「大阪」にほぼ統一される
1869	●草野丈吉が川口梅本町にホテル《自由亭ホテル》を開業	●戊辰戦争終結 ●京都から東京に奠都 ●松島遊郭が誕生
1870		●造兵司（大阪砲兵工廠）が開設 ●千日前の刑場を廃止
1871	●フランスのジャン・B・レイモンドが、川口与力町で《オーサカ・ホテル》を開業	●東京～京都～大阪に郵便開始 ●大蔵省造幣局を開局
1872		●日本人の手になる最初のビールといえる「渋谷ビール」が堂島で誕生
1874		●大阪～神戸間に鉄道開通。初代大阪駅（梅田ステンショ）開業 ●大阪府の江之子島庁舎完成
1876	●川口富島町に《自由亭》分亭が開業	●道頓堀大火

1877		●西南戦争
1878		●大阪株式取引所設立
1879		●朝日新聞創刊
1880	●『大阪日報』に、「中の島温泉の西手へ《自由亭ホテル》が西洋風の茶店を新築すると申すこと」と報じられる	
1881	●《自由亭ホテル》が中之島に移転。支店（現在の東洋陶磁美術館の地）を新築開業	●日本橋に「眺望閣」が誕生
1883		●大阪紡績三軒家工場が操業 ●大阪で初めて電灯（アーク灯）が点灯
1884		●大阪初の私鉄・阪堺鉄道が設立。翌年、難波〜大和川間が開通
1885		●淀川大洪水
1886		●大阪紡績三軒家工場で、日本の工場で初の電灯を設備
1889	●大阪港のコーヒー豆輸入の記録が現れる（神戸税関の初出記録）	●大日本帝国憲法発布 ●市政施行により大阪市が成立 ●北野茶屋町に「凌雲閣」が誕生 ●大阪市内の家庭に初めて電灯がつく ●第三高等中学校（三高）が大阪から京都に移転
1890		●東海道本線神戸〜東京間全通
1891		●中之島公園が開園 ●川上音二郎が堺・卯の日座で書生芝居（オッペケペー節）を旗揚げ
1892		●大阪市上水道が起工

年代	大阪の喫茶店の歴史	世の中のできごと
1894		●日清戦争 ●大阪市が「みおつくし」を市章と定める
1895	●《大阪ホテル東店》が開業	●上水道創設、初通水
1896	●《大阪ホテル西店》が開業	●淀川改修工事が起工
1897		●大阪市第1次市域拡張 ●住友三工場（伸銅場、鋳鋼場、電線）が相次いで設立 ●難波駅前の「南地演舞場」で「シネマトグラフ」を日本で初めて公開興行
1898	●福島に《小儀凍氷店》が創業（後の《心斎橋ミツヤ》の前身）	●大阪築港が起工
1899	●大阪倶楽部が《自由亭》を買収、《大阪クラブ・ホテル》と改称	●東京・大阪間の長距離電話が開通 ●川口居留地が廃止
1901		●2代目大阪駅が完成 ●与謝野晶子が処女詩集「みだれ髪」を発刊
1902		●煤煙防止に関する意見書が提出 ●円明寺市場（後の黒門市場）が公認 ●料亭「灘万」がパンの製造を開始
1903	●1901年の火災焼失により、《大阪クラブ・ホテル》が《大阪ホテル》として新装	●第5回内国勧業博覧会が開催・海外も初参加（実質日本初の万博） ●大阪築港が一般開放 ●大阪市電開通（第1期 花園橋～築港） ●民営乗合自動車（円タク）が営業 ●巡航船（ポンポン船）が、道頓堀川、西横堀川に就航

1904

- 日露戦争
- 大阪図書館（現大阪府立中之島図書館）開館
- 曾我廼家五郎・十郎劇団が「浪花座」で旗揚げ公演

1905

- 日本最初の都市間連絡鉄道・阪神電鉄の出入橋～三宮が開通

1907

- 《カフェー・キサラギ》が開店?（1907～1912年）
- 洋酒食料品卸《杉野屋商店》が開店
- 毛馬閘門が完成
- 大阪最初の映画常設館「電気館」が千日前に開業
- 三越呉服店が高麗橋に百貨店を開業
- 料亭「灘万」が洋菓子製造を開始

1908

- 最初のブラジル移民船「笠戸丸」が神戸から出航

1909

- 天王寺公園開園
- 北の大火（天満焼け）
- 大日本紡績木津川工場が操業

1910

- 日韓併合
- 淀川改修工事竣工
- 箕面有馬電気軌道（現阪急電鉄）梅田～宝塚、石橋～箕面が開通。池田に住宅地を開発
- 京阪電鉄の天満橋～五条が開通

1911

- 箕面に《カフェーパウリスタ》1号店が開店
- 堺筋が拡幅し、市電の曽根崎天満橋筋線、谷町線、北浜線が相次いで開通
- 名村造船所が創業

年代	大阪の喫茶店の歴史	世の中のできごと
1912（明治45／大正元年）	●千日前に《カフェーナンバ》、新世界に《カフェーミカド》が開店	●元号を大正に改元 ●新世界に通天閣（高さ74m）を中心とする「新世界ルナパーク」開業 ●「南の大火」で難波新地から西高津新地、生国魂神社あたりまで焼失 ●堺筋の北浜～恵美須交差点間が拡幅 ●堂島新地と曾根崎新地が一体になり北新地が誕生 ●宝塚新温泉パラダイスが開業
1913	●箕面の《カフェーパウリスタ》が道頓堀戎橋北詰に移転新装 ●道頓堀に《キャバレ・ヅ・パノン》、《クレナイ》が開店 ●《ゼー六（ゼー六三十日堂）》が開店	●中華民国承認
1914		●第一次世界大戦・造船ラッシュで好景気 ●千日前楽天地が開業 ●関一が大阪市の高級助役に就任 ●大阪電気軌道（現近鉄）が上本町～奈良開業
1915	●新世界に《白百合カフエー》が開店	●天王寺動物園を開設 ●第一回全国中等学校優勝野球大会が豊中球場で開催
1916	●道頓堀に《カフェーサンライス》が開店	●大阪でタクシーが営業開始 ●道頓堀に「今井楽器店」が開店
1917	●西九条に《朝日屋食堂》が開店（後の《ユニオン》）	●ロシア革命 ●三越が堺筋に移転新装

1918

- 米騒動
- 中央公会堂落成
- 大阪に日本で初めての公設市場（境川、福島、天王寺、谷町）が開設
- 飛田遊郭が誕生
- 森永製菓が三国工場で洋生菓子の製造を開始

1919

- 道頓堀に《カフェーライオン》が開店
- 堺筋本町に、パン洋菓子・食堂《神崎屋総本店》が開店（後の《カフェー丸玉》）

- 第一次世界大戦終結・パリ講和会議
- 「大阪ベーカリー」が開業

1920

- 《キャバレ・ヅ・パノン》が新築改装
- 《大阪ホテル》が今橋に支店を設置

- 国際連盟発足
- 第1回国勢調査で大阪市の人口125万人、府の人口258万人を記録
- 梅田駅に阪急マーケット開業（阪急百貨店の前身）

1921

- 《平岡珈琲店》が開店

- 大阪市役所が中之島に新築移転
- 堺筋に百貨店「白木屋」が開業

1922

- 北浜に《凮月堂》が開店

- 堺筋に百貨店「高島屋」が開業

1923

- 大衆喫茶《玉二》が開店
- 《ダイヤモンド商会》が創業

- 関東大震災
- 関一が第7代大阪市長に就任
- 大阪松竹座が完成（日本初の鉄骨鉄筋コンクリート建て洋画封切館）

1924

- 《ハマヤ》が創業
- 《大阪ホテル》が焼失

年代	大阪の喫茶店の歴史	世の中のできごと
1925		●大阪市第2次市域拡張 ●大阪市は人口211万人で東京を抜き、日本一（世界6位）の巨大都市「大大阪」に ●堺筋に百貨店「松坂屋」が開業、「明治屋ストア」ビル竣工 ●港区に「市岡パラダイス」が開業
1926（大正15／昭和元年）	●カフェー《赤玉》が開店 ●《ジャイアント商会》が創業	●元号を昭和に改元
1927	●カフェー《美人座》が開店（《カフェーパウリスタ》跡地） ●カフェー《ユニオン》が開店（《キャバレ・ヅ・パノン》跡地）	●阿部野橋～平野間で初の市営バス運行 ●ダンスホールの取締規則が制定
1928	●カフェー《ユニオン》が東京・人形町に進出 ●《ギンカ商店》が創業	●総合大阪都市計画決定 ●大阪商科大学設立 ●「道頓堀行進曲」のレコード発売
1929	●《ニッポン・ブラジリアン・トレィディング・コンパニィ》が設立 同社の機械部として《富士商会》を設立（《富士珈機》の前身）	●世界恐慌 ●大阪築港第一次工事が完成 ●阪急百貨店開業（日本初の本格的なターミナルデパート） ●大阪府警からカフェー取締規則が発出
1930	●カフェー《美人座》《赤玉》《日輪》が東京・銀座に進出 ●《カフェーブラジレイロ》1号店が梅田新道に開店 ●大阪珈琲焙煎協会が発足	
1931	●カフェー《赤玉》が東京・銀座に《第二銀座会館》を開店	●満州事変 ●大阪城天守閣再建

1932	●《カフェー丸玉》が開店（石川丸玉百貨店 跡地） ●大衆喫茶《日本一喫茶》が開店 ●五銭均一喫茶《藤屋》が開店（後の《MJB珈琲店》） ●神戸で《上島珈琲貿易》が創業	●五・一五事件 ●高島屋南海店が開業（現・難波高島屋） ●千日前・楽天地跡に松竹が経営する「大阪歌舞伎座」（後の新歌舞伎座）開場
1933	●《サワダコーヒー》が開店 ●《南米珈琲》《田代珈琲》が創業	●大阪市営地下鉄 梅田〜心斎橋間が開通 ●大阪ガスビル食堂が開業
1934	●《丸福珈琲店》が開店 ●大阪珈琲焙煎協会が設立	●室戸台風が関西を直撃
1935		●大阪市営地下鉄が難波まで延伸 ●グリコのネオン塔（初代）が戎橋と道頓堀橋の間の道頓堀川南岸に登場
1936		●二・二六事件
1937	●《美松》が開店 ●大衆喫茶《木村家》が開店	●御堂筋が完成 ●大阪電気科学館が開館・日本初のプラネタリウム
1938		●国家総動員法制定 ●大阪府「料理屋飲食店営業取締規則」を制定し、カフェーを「特殊飲食店」と定義
1939		●日中戦争・第二次世界大戦開戦
1941		●太平洋戦争開戦
1943	●《甘党喫茶ミツヤ》が開店（現《心斎橋ミツヤ》）	●「代用珈琲統制要綱」告示
1944	●寺本豊彦が《富士珈琲機械製作所》を創業	●コーヒーの輸入途絶

年代	大阪の喫茶店の歴史	世の中のできごと
1945		●太平洋戦争終結 ●大阪大空襲で市内大部分が焼失。10月の市人口107万人、府人口280万人
1946	●《花月》が開店（後の《純喫茶アメリカン》）	●日本国憲法公布 ●四ツ橋の文楽座再建
1947	●《マヅラ》が開店 ●襟立博保が《リヒト》（梅田）を開店 ●《香豆里》が開店（現《喫茶コーズリー》） ●《カフェー丸玉》が日本初のアルサロ《ニューマルタマ》に改装	●「角座」再建
1948	●《MJB珈琲店》が開店 ●《カミン珈琲店》《カーネス》が開店 ●《創元》《ルル》が開店 ●《千成屋珈琲》が開店 ●《旭珈琲》が創業	●「中座」再建 ●美空ひばりがデビュー
1949	●《オランダ》が開店	●湯川秀樹がノーベル賞（物理学賞）を日本人として初受賞 ●大阪市立大学が開学 ●道頓堀にキャバレー復活。食堂「大阪名物くいだおれ」の店先に「くいだおれ人形」が登場
1950	●《喫茶むらかみ》が開店 ●《山本珈琲》《島野珈琲》が創業 ●大阪珈琲商工組合が設立	●朝鮮戦争 ●コーヒーの輸入再開
1951	●《アラビヤコーヒー》が開店 ●《福田珈琲》が創業	

1953

- NHK、民間放送（NTV）でテレビ放送開始

1954

- 東京・新宿に歌声喫茶《灯》が開店

1955

- 《田園》が開店
- 《純喫茶アメリカン》が道頓堀に移転
- 東京の《富士珈琲機械製作所》が、大阪に《富士珈機販売株式会社》を設立
- 靭公園が開園
- 人形浄瑠璃文楽が重要文化財に指定

1956

- 《心斎橋プランタン》が開店
- アルサロ《ニューマルタマ》が日本初の洋酒喫茶《コンパ》に改装
- 大阪市が政令指定都市になる
- 通天閣（高さ１０３ｍ）が再建

1957

- ソビエト連邦が人類初の人工衛星「スプートニク1号」打ち上げ
- 大阪初の地下街「ナンバ地下センター」オープン
- 主婦の店「ダイエー」一号店が京阪・千林駅前に開店

1958

- 《粉浜ホワイト》が開店
- 《コーラス喫茶 こだま》が開店
- 大阪府喫茶業環境衛生同業組合が結成

1959

- 《昭和町ニューホワイト》が開店
- 《コーヒー専門店 チ・ケ》が開店
- 《花田コーヒ》《三和珈琲》が創業
- 皇太子、美智子様とご成婚
- 岩戸景気

1960

- コーヒー生豆の輸入が全面自由化
- ベトナム戦争開戦
- 国民所得倍増計画を発表

年代	大阪の喫茶店の歴史	世の中のできごと
1961	●《珈琲苑 水車》が開店 ●《ミカド》(後の《英國屋》)が開店 ●大阪珈琲商工業協組合が全日本珈琲協会を脱退、大阪珈琲焙煎業協同組合として新たに発足	●インスタントコーヒーの輸入が完全自由化 ●大阪環状線開通 ●難波宮の大極殿跡を発見
1962		●千里ニュータウンまちびらき
1963	●《純喫茶アメリカン》が改装、鉄筋5階建てのビルに ●大阪喫茶店連盟がＰＲ誌『喫茶大阪』を創刊	●レギュラーコーヒー輸入が全面自由化 ●全日本珈琲商工業協同組合連合会が結成 ●梅田の地下街「ウメダ地下センター」(現「ホワイティ梅田」)開業
1964	●《コーヒーサロンチロル》が開店	●東海道新幹線開業 ●東京オリンピック開催 ●長居陸上競技場が完成
1965	●《戎橋プランタン》が開店 ●《タイガー珈琲》が創業 ●《富士珈機販売株式会社》が電動ミル「R-440」の自社製造に成功	●全日本珈琲協会が全日本コーヒー商工組合連合会に改組 ●阪神高速道路大阪1号線が開通
1966	●《伽奈泥庵》が開店	●中国で文化大革命 ●いざなぎ景気 ●3C時代(カー、クーラー、カラーテレビ)が到来
1967	●《喫茶ドレミ》《天満ビクター》が開店	
1968		●コーヒーが「中小企業近代化促進法(近促法)」の業種に指定
1969	●《リスボン》が開店 ●カフェ《ループ》が開店	●アポロ11号、月面軟着陸に成功 ●大阪の市電が全て廃止される

1970	●《スカーレット》《喫茶オーシャン》が開店（船場センタービル） ●《喫茶コロンビア》が開店（後の《喫茶カトレア》） ●《ニューアストリア》が開店（千里中央）	●大阪万国博覧会が開催 ●船場センタービルが完成 ●大阪駅前第1ビル完成 ●大阪城公園完成
1971	●《珈琲専門店MUC》1号店が茨木市に開店 ●《天満プランタン》が開店	●ニクソンショック
1972	●《スパニョラ》が開店 ●《喫茶スワン》（西田辺）が開店 ●《カンテグランデ》が開店	●沖縄返還 ●あさま山荘事件 ●千日デパート火災
1973	●《喫茶サンシャイン》《ばん珈琲店》が開店	●第1次オイルショック
1974	●《喫茶ルプラ》が開店	
1975	●《珈琲艇キャビン》が開店 ●《英國屋》1号店が心斎橋に開店	●ベトナム戦争終結 ●ロッキード事件
1977	●吹田市に《COFFEE HOUSE CLUB 本店》が開店（後の《ヒロコーヒー》） ●《ジャイアントコーヒーハウス》野田阪神店が開店	●日本赤軍が日航機をハイジャック
1978		●日中平和友好条約調印 ●インベーダーゲームが大流行
1980	●《伽奈泥庵》が移転新装	
1981	●八尾市に《ザ・ミュンヒ》が開店	●南港にニュートラムが開通 ●漫才ブーム
1982	●《喫茶ミクロ》《珈琲の辞書》が開店	●大阪城音楽堂・東洋陶磁美術館オープン ●アメリカ村に日航ホテル・無印良品が出店 ●名村造船所が本社を住之江区から西区に移転

年代	大阪の喫茶店の歴史	世の中のできごと
1983		●ファミリーコンピュータ発売 ●大阪21世紀計画スタート ●大阪城ホール完成 ●第1回御堂筋パレード
1984		●グリコ森永事件 ●国立文楽劇場が開場
1985		●日航ジャンボ機が御巣鷹山に墜落 ●ＮＴＴ、ＪＴが発足 ●阪神タイガース、初の日本一 ●「インテックス大阪」開場
1986		●ソ連・チェルノブイリ原発で爆発事故 ●大阪市新市庁舎完成
1987	●吹田市に《ヒロコーヒー》（現江坂本店）が開店	●国鉄分割民営化
1988	●《モンスーンティールーム》が開店？（80年代後半～2000年代初頭）	●リクルート事件 ●青函トンネル開通、瀬戸大橋開通
1989（平成元年）		●ベルリンの壁崩壊、マルタ会談により冷戦終結 ●天安門事件 ●元号を平成に改元 ●消費税3％開始 ●大阪市制施行100周年・24区制に移行
1990		●東西ドイツ統一 ●国際花と緑の博覧会開幕 ●海遊館・天保山ハーバービレッジオープン

1991
- 《ピアノ・ピアーノ》が開店
- バブル経済崩壊
- 湾岸戦争ぼっ発
- ソビエト連邦崩壊
- 堀江立花通商店街で「立花通活性化委員会」結成、オレンジストリートとしてリニューアル

1992
- 《ザ コーヒーマーケット》が開店（旧・大阪美鈴コーヒー）
- 堀江でオレンジストリートフリーマーケット初開催

1993
- ＥＵ発足
- サッカー Ｊリーグ開幕
- アメリカ村にビッグステップがオープン

1994
- 《チャイ工房》が開店
- 関西国際空港開港
- アジア太平洋トレードセンター（ＡＴＣ）オープン

1995
- 《カフェコロンビア》《LIM CAFE》《アマーク・ド・パラディ》が開店
- 「Windows95」発売
- 阪神・淡路大震災
- 地下鉄サリン事件
- ＡＰＥＣ大阪会議開催
- 梅田ディアモール大阪が開業
- 大阪ワールドトレードセンター（ＷＴＣ）・舞洲アリーナオープン

1996
- 《コンテンツレーベルカフェ》が開店

1997
- 《BAR UNO》が開店
- 《カフェ ド フロール》が関西初出店
- 消費税が５％に引き上げ
- 大阪城天守閣がリニューアル
- 大阪ドーム・クリスタ長堀オープン
- ＪＲ東西線・ＯＴＳテクノポート線開通

年代	大阪の喫茶店の歴史	世の中のできごと
1998	●《スターバックス コーヒー》大阪1号店がオープン ●《CAFE GARB》が開店 ●《ミュゼ大阪》が開店 ●《ル プルミエカフェ》が開店	●長野冬季オリンピック開催 ●明石海峡大橋開通 ●梅田に商業施設HEP FIVEが開業。赤い観覧車が新たなランドマークに
1999	●《チャルカ》《caneton-café》《dieci》が開店 ●《我楽茶堂》《スワーハ》が開店	●EUが単一通貨ユーロを導入 ●道頓堀中座が閉館
2000	●《パスティチェリア・バール ピアノ・ピアーノ》が開店	●大阪府知事選で初の女性知事（太田房江）誕生 ●この頃、カフェブームがピークを迎える ●堀江にアパレルブランド出店加速
2001	●《Salon de AManTo》が開店	●アメリカ同時多発テロ ●ユニバーサル・スタジオ・ジャパンが開園 ●夢洲・舞洲を結ぶ夢舞大橋架設
2002		●サッカーW杯日韓大会開催 ●難波に湊町リバープレイスが開業 ●道頓堀中座の火災で法善寺横丁の大半の飲食店が全焼 ●道頓堀浪花座が閉館。318年の歴史に終止符を打つ ●阪急百貨店大食堂が閉店
2003	●《カフェバーンホーフ》が開店	●イラク戦争開戦 ●人形浄瑠璃・文楽がユネスコの世界無形遺産に選定 ●「日本スペシャルティコーヒー協会」が設立 ●第1回ジャパンバリスタチャンピオンシップ開催
2004		●道頓堀川遊歩道「とんぼりリバーウォーク」オープン
2005	●《BAR ARiETTA》が開店（〜2011年閉店） ●豊中市に《チッポグラフィア》が開店	●JR福知山線脱線事故

2006	●《コンテンツレーベルカフェ》が火災で焼失	●第一回野球ＷＢＣで日本が初代世界一 ●天満天神繁昌亭がオープン
2007	●《ミリバール》(旧コンテンツレーベルカフェ)《ヴィーナローゼ》(現在閉店)《珈琲舎 書誌アラビク》《喫茶ネイキッド》が開店 ●《富士珈機販売株式会社》が、社名を《株式会社富士珈機》に変更	●道頓堀東映が閉館。２９７年の歴史に終止符をうつ
2008	●《カフェヴェーク》《喫茶星霜》(現《星霜珈琲店》)《Mole hosoi coffee》《喫茶Stove.》《エルマーズグリーンカフェ》《ELK KAFFE》が開店	●リーマンショック発生・世界同時不況 ●ＪＲおおさか東線・京阪電鉄中之島新線が開通
2009	●《BAR Zumaccino》が開店(現在閉店) ●「富士珈機」が小型ロースター「COFFEE DISCOVERY」販売開始	●阪神なんば線が開通 ●第1回ジャパン ラテアート チャンピオンシップ開催
2010	●《Punto e Linea》《milpour》《Bar Ista》(現《ISTA COFFEE ELEMENT》)《煎りたて ハマ珈琲》《赤い実 コーヒー》が開店 ●《富士珈機》が、低温完全熱風焙煎機「FUJI ROYAL REVOLUTION」販売開始	●東北新幹線が全線開通
2011	●《うさぎとぼく》《hood》《中崎町昭和喫茶 ニューＭＡＳＡ》《カフェ ノオトコーヒー》が開店	●東日本大震災 ●九州新幹線が全線開通 ●大阪市長・府知事ダブル選挙で大阪維新の会が勝利 ●第1回大阪マラソン
2012		●関西国際空港を拠点に日本初のＬＣＣ・ピーチ・アビエーション就航 ●「あべのキューズタウン」オープン
2013	●《TAKAMURA COFFEE ROASTERS》《BROOKLYN ROASTING COMPANY》《Knopp》《GRANKNOT coffee》《エルマーズグリーン コーヒー&ベイクス》(堺市)が開店 ●《MOTO COFFEE》《hirofumi hujita coffee》《peak roast coffee》が開店	●梅田にグランフロント大阪が開業 ●第1回ジャパン コーヒー イン グッド スピリッツ チャンピオンシップ開催

年代	大阪の喫茶店の歴史	世の中のできごと
2014	●《COUTUME ディアモール大阪店》（現在閉店）《LiLo Coffee Roasters》《コーヒーショップWARARA》《MONDIAL CAFÉ 328》が開店 ●《ブルックリン パーラー大阪》《タロコーヒー》《Whitebird coffee stand》《LeBRESSO》《coffee HUT》が開店	●消費税8％に引き上げ ●あべのハルカスが開業（当時日本一高い商業ビル）
2015	●《喫茶路地》《サタデーズ サーフ ニューヨーク 大阪店》《心斎橋焙煎所》が開店	
2016	●《井尻珈琲焙煎所》《Mel Coffee Roasters》《COFFEE ROUGHNECKS》《LONG WALK COFFEE》が開店 ●《銭屋カフヱー》《COZY coffee spot》《OSARU COFFEE》《escapé LODGE and ESPRESSO》《ザ コーヒー コーヒー コーヒー》が開店	●マイナンバー制度開始 ●台湾の鴻海精密工業によるシャープの買収が決定 ●2015年の関西主要観光地別訪日外国人数（推計値）で、大阪の難波・心斎橋エリアが588万人で最多。次点が梅田・大阪駅の497万人
2017	●《EMBANKMENT COFFEE》《MUC COFFEE ROASTERS》《ルプルミエカフェ ロースタリー》が開店 ●《もなか珈琲》が開店 ●《MJB珈琲店》が閉店	
2018	●《鎗屋町喫茶室 街の灯り》《リロ珈琲喫茶》が開店 ●《ザ コーヒータイム堀江店》が開店 ●《廣屋珈琲店》が箕面に移転 ●《阪神構内喫茶》が閉店	●米朝首脳会談 ●大阪北部地震 ●2025年の「大阪・関西万博」の開催決定
2019（令和元年）	●《喫茶 珈琲焙煎研究所 東三国》《YARD Coffee & Craft Chocolate》《CAFE TALES》が開店	●元号を令和に改元 ●消費税10％に引き上げ
2020	●《aoma coffee》《Caffè CORNiCE》が開店	●新型コロナウイルス・パンデミック発生
2021	●《喫茶水鯨》《喫茶コーズリー》《COFFEE LONG SEASON》が開店	●東京オリンピック2020開催

2022
- 《喫茶カトレア》《ATELiER ARiETTA》が開店

2023
- 大阪駅にうめきた新駅が開業
- 阪神タイガース、38年ぶり2度目の日本一

2024
- 令和6年能登半島地震

2025
- 大阪・関西万国博覧会開催予定

【参考文献】

○垣貫一右衛門編『商工技芸 浪華の魁』垣貫與祐、1882年
○秋田貢四編『夜の京阪』金港堂書籍、1903年
○東京書院編『大正営業便覧』東京書院、1913年
○波多腰興一『建築設計叢書第14集 風月堂大阪支店』建築資料研究会、1926年
○星 隆造『珈琲の知識』ニッポンブラジリアントレエディングコンパニー、1929年
○日比繁治郎『道頓堀通』四六書院、1930年
○小出楢重『めでたき風景』創元社、1930年
○星 隆造『カフェ経営学』日本前線社、1932年
○北尾遼之助『近代大阪』創元社、1932年
○杉野欽次郎『私の生立と回顧三十年』杉野屋商店、1937年
○運輸省鉄道総局業務局観光課編『日本ホテル略史』運輸省、1946年
○篠崎昌美『浪華夜ばなし』朝日新聞社、1954年
○松成義衛『日本のサラリーマン』青木書店、1957年
○創元社編集部・編『1967年版 大阪味覚地図・南』創元社、1966年
○池田弥三郎『私の食物誌』新潮文庫、1965年
○池田文痴菴『日本洋菓子史』日本洋菓子協会、1960年
○宮本又次『船場』ミネルヴァ書房、1960
○ローレンス・オリファント著／岡田章雄訳『エルギン卿遣日使節録』雄松堂出版、1968年
○秋山悟堂『珈琲と喫茶店』しなの出版、1968年
○井上 誠『珈琲の書』柴田書店、1972年
○高桑六三『喜寿 ハマヤ株式会社創業50周年記念』オールジャーナルアンドプリンティング、1974年
○三田純市『道頓堀 川／橋／芝居』白川書院、1975年
○小野十三郎『自伝 空想旅行』朝日新聞社、1975年
○木下彌三郎『奔馬の一生』出帆社、1976年
○秋山梧堂『喫茶店を経営して40年』明日香出版社、1976年
○長谷川幸延『たべもの世相史・大阪』毎日新聞社、1976年
○安藤更生『銀座細見』中公文庫、1977年
○全日本コーヒー商工組合連合会日本コーヒー史編集委員会編『日本コーヒー史 上・下巻』全日本コーヒー商工組合連合会、1980年
○キダ・タロー『コーヒーの店―大阪―』保育社、1983年
○石濱恒夫『大阪詩情』朋興社、1983年
○四元弥寿編『船場復元地図昭和10年頃』船場小学校同窓会、1984年
○海野 弘『モダンシティふたたび―一九二〇年代の大阪へ』創元社、1987年
○小出楢重著／芳賀徹編『小出楢重随筆集』岩波文庫、1987年
○船場昭五会『船場を語る：大正末期から昭和初期の中船場』中尾松泉堂書店、1987年
○藤沢恒夫『日本随筆紀行 第17巻 声はずむ水の都』作品社、1987年
○読売新聞大阪本社社会部編『実記・百年の大阪』朋興社、1987年
○ヒュー・コータッツイ著／中須賀哲郎訳『維新の港の英人たち』中央公論社、1988年
○三田純市『御堂筋ものがたり』東方出版、1991年
○今井美沙子『わたしの仕事⑥ 味を求める人』理論社、1991年
○A・B・C/ON Japan編『21世紀をになう成長企業』JDC、1992年
○服部良一『ぼくの音楽人生』日本文芸社、1993年
○福富太郎『昭和キャバレー秘史』河出書房新社、1994年
○大阪市立開平小学校教職員編『わが町船場いま・むかし』大阪市立開平小学校、1994年
○渡辺一民『フランスの誘惑―近代日本精神史試論』岩波書店、1995年
○橋爪紳也『大阪モダン―通天閣と新世界』NTT出版、1996年
○橋爪紳也『なにわの新名所【都市絵はがき1】』東方出版、1997年
○大阪府洋菓子工業協同組合編『大阪洋菓子50年のあゆみ』大阪府洋菓子工業協同組合、1998年
○芝村篤樹『日本近代都市の成立―1920～30年代の大阪』松籟社、1998年
○芝村篤樹『都市の近代・大阪の20世紀』思文閣出版、1999年
○田辺聖子『道頓堀の雨に別れて以来なり―川柳作家・岸本水府とその時代・上』中公文庫、2000年
○前坊 洋『明治西洋料理起源』岩波書店、2000年
○アスペクト編集部編『カフェの話』アスペクト、2000年
○小野高弘ほか『モダニズム出版社の光芒―プラトン社の一九二〇年代』淡交社、2000年
○加藤政洋『大阪のスラムと盛り場』創元社、2002年
○足立 朗『画家・足立源一郎の記録』三好企画、2002年

○大阪府立中之島図書館『商都の景観―近代大阪の名建築』大阪府立中之島図書館、２００２年
○大阪市立住まいのミュージアム編『モダン都市大阪―近代の中之島・船場』大阪市立住まいのミュージアム、２００２年
○大橋良介編『京都哲学撰書第三十巻 九鬼周造「エッセイ・文学概論」』燈影舎、２００３年
○津金澤聰廣、土屋礼子編『大正・昭和の風俗批評と社会探訪 村嶋歸之著作選集第１巻 カフェー考現学』柏書房、２００４年
○織田作之助『世相』講談社、２００４年
○橋爪節也『モダン道頓堀探検』創元社、２００５年
○嶋中 労『コーヒーに憑かれた男たち』中央公論新社、２００５年
○木村吾郎『日本のホテル産業１００年史』明石書店、２００６年
○日限満彦『アメリカ村のママ 日限萬里子』小学館、２００７年
○竹村民郎編『関西モダニズム再考』思文閣出版、２００８年
○菊池清麿『日本流行歌変遷史』論創社、２００８年
○江 弘毅『街場の大阪論』バジリコ、２００９年
○村野藤吾研究会編『村野藤吾建築案内』ＴＯＴＯ出版、２００９年
○横山好三『大阪都市形成の歴史』文理閣、２０１１年
○田口 護『スペシャルティーコーヒー大全』ＮＨＫ出版、２０１１年
○間宮吉彦『間宮吉彦の「間」店＝町の空間デザイン録』１４０Ｂ、２０１３年
○高井尚之『カフェと日本人』講談社現代新書、２０１４年
○梅本龍夫『日本スターバックス物語』早川書房、２０１５年
○橋爪節也監修／高岡伸一、倉片俊輔、嘉名光市編『生きた建築 大阪』１４０Ｂ、２０１５年
○永松 実『本邦初の洋食屋 自由亭と草野丈吉』西日本新聞社、２０１６年
○前川佳子『船場大阪を語りつぐ―明治大正昭和の大阪人、ことばと暮らし』和泉書院、２０１６年
○酒井順子『ａｎａｎの嘘』マガジンハウス、２０１７年
○ＵＣＣコーヒー博物館監修／神戸新聞総合出版センター編『神戸とコーヒー 港からはじまる物語神戸新聞総合出版センター』、２０１７年
○斎藤 光『幻の「カフェー」時代 夜の京都のモダニズム』淡交社、２０２０年
○林哲夫『喫茶店の時代』筑摩書房、２０２０年
○田中慶一『京都 喫茶店クロニクル』淡交社、２０２１年
○松本正吉『珈琲の機械屋』富士珈機、２０２１年
○林哲夫編『喫茶店文学傑作選』中央公論新社、２０２３年
○鶴丸梅太郎「道頓堀のカフェー黎明期を語る」：『上方』道頓堀變遷号創元社、１９３２年所収
○寺川 進「大阪カフェ源流考」：『上方』第27号、創元社、１９３３年所収
○明石利代「大阪の近代文学」：『大阪の文芸』毎日放送、１９７３年所収
○宮本又次「御堂筋界隈由来記」：『大阪春秋』第４号、大阪春秋社、１９７４年所収
○高原護郎「川口居留地」：『川口居留地１』川口居留地研究会、１９８８年所収
○坂井素思「コーヒー消費と日本人の嗜好趣味」：『放送大学研究年報』25巻、放送大学、２００８年所収
○中西顕子「タンゴと喫茶文化 西田辺のチ・ケの断章」：岡野浩・編『都市生態と文化創造』大阪市立大学都市研究プラザ、２０１８年所収
○山路勝彦「美人座物語：近代日本のカフェ文化（１）」：『関西学院大学社会学部紀要』１３５号、２０２０年所収
○『大大阪』第七巻第十号、大阪都市協会、１９３１年
○『珈琲研究』昭和12年六月号、珈琲研究社、１９３７年
○『建築写真文庫99 コーヒースタンド』彰国社、１９６０年
○『食品と科学５（２）（46）』食品と科学社、１９６３年
○『喫茶大阪』21～１５１号、大阪喫茶店連盟、１９６８～１９７７年
○『酒類食品統計月報12（９）』日刊経済新聞社、１９７０年
○『酒類食品統計月報13（９）』日刊経済新聞社、１９７０年
○『酒類食品統計月報14（９）』日刊経済新聞社、１９７１年
○『喫茶店経営』１９７７年５月号、柴田書店、１９７７年
○『別冊 暮らしの設計７号：珈琲・紅茶の研究ＰＡＲＴⅡ』中央公論社、１９８１年
○『Olive』１９９８年９／18号、マガジンハウス、１９９８年
○『喫茶＆スナック』１９９９年６月号、柴田書店、１９９９年
○『大阪人』Vol.54「カフェと喫茶」大阪都市協会、２０００年
○『Hanako WEST Café』1～3、マガジンハウス、２０００～２００２年
○『京阪神 Café book』京阪神エルマガジン社、２０００年
○『間宮吉彦 設計の店―インフィクスワークス』京阪神エルマガジン社、２００１年
○『日限万里子と大阪ミナミの30年―アメリカ村から南船場・堀江へ―』京阪神エルマガジン社、２００２年
○「コーヒーの教科書」『BRUTUS』２００７年３／15号、マガジンハウス、２００７年
○『Meets Regional』２００７年11月号、京阪神エルマガジン社、２００７年
○『京阪神 珈琲の本』京阪神エルマガジン社、２００９年

MUC COFFEE ROASTRS
うつぼ公園店
大阪市西区靱本町1-20-13
なにわ筋ビル1F
06-4963-0003

マツヤ珈琲
大阪市城東区永田3-10-3
06-6968-0621

マヅラ
大阪市北区梅田1-3-1
大阪駅前第1ビルB1F
06-6345-3400

丸福珈琲店 千日前本店
大阪市中央区千日前1-9-1
06-6211-3474

ザ・ミュンヒ
八尾市刑部2-386
072-996-0300

ミルポア
大阪市中央区南船場3-6-1
サイプレス心斎橋1F
06-6241-1339

Mel Coffee Roasters
大阪市西区新町1-20-4
06-4394-8177

Mole Hosoi Coffee
大阪市中央区伏見町3-3-3
芝川ビルB1F
06-6232-3616

MONDIAL KAFFEE 328 NY3
大阪市西区北堀江1-6-16
フォレステージュ1F
06-6585-9955

や

YARD Coffee & Craft Chocolate
大阪市天王寺区茶臼山町1-3
06-6776-8166

山本珈琲館（山本珈琲直営店）
箕面市箕面公園2-28
072-722-3477

ら

COFFEE ROUGHNECKS（ラフネクス）
大阪市西区南堀江3-3-12
06-6586-9182

蘭館珈琲ハウス
大阪市北区梅田3-1-1
大丸梅田店8F
06-6341-7780

LiLo Coffee Roasters
大阪市中央区西心斎橋1-10-28
心斎橋Mビル1階
06-6227-8666

ル プルミエカフェ
大阪市中央区心斎橋筋1-3-28
ビギ1stビル3F
06-6253-2567

喫茶ルプラ
大阪市天王寺区小橋町8-15
06-6762-6784

喫茶路地
大阪市北区浪花町9-5
080-2373-8194

COFFEE LONG SEASON
大阪市阿倍野区播磨町1-8-19
080-6124-6365

LONG WALK COFFEE
大阪市北区天神西町8-19

わ

WARARA
大阪市北区中崎3-2-22
ラ・メゾンサクラ1F
06-6147-6262

ダイヤモンド商会
大阪市北区本庄東3-6-16
06-6371-1310

TAKAMURA COFFEE ROASTERS
大阪市西区江戸堀2-2-18
06-6443-3519

田代珈琲（直営店）
東大阪市永和1-25-11
06-6723-3702

玉一総本店
大阪市福島区福島8-19-4
06-6453-1988

CAFE TALES
大阪市中央区久太郎町2-5-19
丸忠第三ビル1F
06-4256-1808

珈琲専門店 チ・ケ
大阪市阿倍野区長池町21-14
06-6628-1541

チッポグラフィア
豊中市本町6-7-7
06-6849-6688

チャイ工房
大阪市大正区北村1-14-9
06-6552-1924

コーヒーサロン チロル
大阪市住之江区中加賀屋3-12-19
06-6682-2306

天満プランタン（西仲珈琲）
大阪市北区天神橋4-4-1
06-6358-3106

な

日本一 喫茶
大阪市西区本田2-13-5
06-6582-1701

喫茶ニューホワイト
大阪市阿倍野区昭和町2-7-24
06-6622-0393

ニュー MASA
大阪市北区中崎西1-1-16
06-6373-3445

は

バーンホーフ
大阪市福島区吉野1-14-8
06-6449-5075

花田コーヒ
大阪市中央区高津3-2-10
06-6632-3254

ハマヤ（本社）
大阪市中央区瓦屋町2-5-20
※西日本各地に直営店あり

ばん珈琲店
大阪市中央区森ノ宮中央1-16-21
06-6942-1020

平岡珈琲店
大阪市中央区瓦町3-6-11
090-6244-3708

富士珈機（本社）
大阪市浪速区稲荷1-8-29
06-6568-0440

Punto e Linea（プントエリーネア）
大阪市西区京町堀2-2-11
M's COURT101
06-6448-3456

喫茶ホワイト
大阪市住之江区粉浜西2-7
06-6672-2834

ま

MAGNUM Collection
大阪市天王寺区東高津町8-1
080-9478-2017

鎗屋町喫茶室 街の灯り
大阪市中央区鎗屋町1-2-2
090-4285-3397

ギンカコーヒー
大阪市中央区東心斎橋1-2-10
06-6271-4780

King of Kings
大阪市北区梅田1-3-1
大阪駅前第1ビルB1F
06-6345-3100

Knopp（クノップ）
大阪市中央区南船場1-12-27
幸福相互ビル1F
06-6227-8111

GRANKNOT COFFEE
（グランノットコーヒー）
大阪市西区北堀江1-23-4
06-6531-6020

喫茶 珈琲焙煎研究所 東三国
大阪市淀川区東三国1-32-22
06-7708-2840

喫茶コーズリー
大阪市西成区太子1-2-28
080-9758-2769

Caffè CORNiCE（コルニーチェ）
大阪市北区東天満2-6-12
南森町双葉ビル1F

カフェ・コロンビア
大阪市中央区東心斎橋1-11-15
06-6241-9317

さ

The Coffee Market
大阪市天王寺区大道3-3-2
06-6773-1393

喫茶サンシャイン
大阪市北区曽根崎2-11-8
大阪日興ビルB2F
06-6313-6797

Salon de AManTo（サロンドアマント）
大阪市北区中崎西1-7-26
06-6371-5840

島野珈琲 B4 Cafe
大阪市平野区長吉川辺3-17-25
06-6797-4440

珈琲舎 書肆アラビク
大阪市北区中崎3-2-14
06-7500-5519

心斎橋ミツヤ 本店
大阪市中央区心斎橋筋2-3-21
06-6211-1028

喫茶苑 水車
大阪市阿倍野区阪南町5-22-9
06-6624-4721

喫茶水鯨
大阪市西区川口1-4-19
06-6556-6226

スカーレット
大阪市中央区船場中央1-3-2
船場センタービル2号館B2F
06-6262-6766

喫茶ストーブ
大阪市福島区鷺洲2-10-3
06-4981-0875

星霜珈琲店
大阪市北区天満4-1-2
天満佐藤ビル1F
06-6354-3518

ゼー六
八尾市山本町1-8-17
山本八幡宮駅前ビル1F
072-975-5076

千成屋珈琲
大阪市浪速区恵美須東3-4-15
06-6645-1303

た

タイガー珈琲（本社）
大阪市東成区深江北2-11-29
※全国各地で《焙煎工房》を運営

掲載店一覧

あ

aoma coffee
大阪市中央区久太郎町3-4-2
WRAP/英守大阪ビル1F
06-4708-4619

旭珈琲
大阪市西区南堀江3-12-21
06-6531-2221

ATELiER ARiETTA（アトリエアリエッタ）
大阪市阿倍野区阪南町5-5-18
050-6855-5082

純喫茶アメリカン
大阪市中央区道頓堀1-7-4
06-6211-2100

アラビヤコーヒー
大阪市中央区難波1-6-7
06-6211-8048

井尻珈琲焙煎所
大阪市大正区三軒家東1-4-11
06-7503-5782

ISTA COFFEE ELEMENTS
大阪市中央区北久宝寺町2-6-1
大百物産ビル
06-6241-0707

コーヒーショップ伊吹
大阪市西成区太子2-4-13
06-6641-4517

煎りたてハマ珈琲
大阪市城東区今福西2-16-12
06-6967-9080

上島珈琲貿易（MUC）
堺市美原区太井122-1
※フランチャイズ店《MUC》《MUC Qween》を展開

café Weg（ヴェーク）
大阪市西区南堀江2-13-16
勝浦ビル1F
06-6532-7010

カフェ英國屋 大阪心斎橋本店
大阪市中央区心斎橋筋2-1-31
06-6211-7031

ELK KAFFE（エルクコーヒー）
大阪市北区西天満4-6-5
イヅツビル1F
06-7651-4036

エルマーズグリーンカフェ
大阪市中央区高麗橋1-7-3
北浜プラザ1F
06-6223-5560

大島屋
大阪市西区南堀江3-9-3
06-6531-9041

か

CAFE GARB（ガーブ）
大阪市中央区博労町4-4-7
06-6258-3341

喫茶カトレア
大阪市城東区蒲生3-15-19
070-8953-8287

カミン珈琲店
大阪市中央区心斎橋筋2-6-17
三津寺辻ビル
06-6211-7705

カンテグランデ 中津本店
大阪市北区中津3-32-2
050-5494-2064

木村屋
大阪市西成区天下茶屋北1-1-4
06-6649-6014

田中 慶一（たなか けいいち）

1975年、滋賀県生まれ。立命館大学産業社会学部卒業。神戸の編集プロダクションを経て、フリーランスの編集・文筆・校正業。学生時代からのコーヒー好きが高じて、2001年から珈琲と喫茶にまつわる小冊子『甘苦一滴』を独自に発行。関西の喫茶・珈琲店を中心に全国各地に配布（通巻20号）。以来、喫茶店文化から現代のカフェ・コーヒー事情等の取材を続け、専門分野を開拓し、雑誌等に寄稿多数。取材を含め訪れた店は、新旧合わせて約1000軒を超える。2017年に『神戸とコーヒー港からはじまる物語』（神戸新聞総合出版センター）の制作を全面担当。2019年に『淡交ムック　KYOTO COFFEE STANDARDS』（淡交社）を監修・執筆。2021年に単著『京都 喫茶店クロニクル　古都に薫るコーヒーの系譜』（淡交社）を刊行した。引き続き関西のコーヒー・喫茶店史の追究に注力している。

写真　小檜山貴裕
ブックデザイン　瀧澤デザイン室

大阪 喫茶店クロニクル　個性に満ちた憩いのワンダーランド

2024年4月14日　初版発行

著　者　田中慶一
発行者　伊住公一朗
発行所　株式会社 淡交社
本　社　〒603-8588 京都市北区堀川通鞍馬口上ル
営業 075-432-5156　編集 075-432-5161
支　社　〒162-0061 東京都新宿区市谷柳町 39-1
営業 03-5269-7941　編集 03-5269-1691
www.tankosha.co.jp
印刷・製本　図書印刷株式会社

ISBN978-4-473-04590-4